公務員試験
過去問攻略Vテキスト❻

TAC公務員講座 編

刑 法

JN015662

TAC出版
TAC PUBLISHING Group

●── はしがき

本シリーズのねらい──「過去問」の徹底分析による効率的な学習を可能にする

　<u>合格したければ「過去問」にあたれ。</u>

　あたりまえに思えるこの言葉の，ほんとうの意味を理解している人は，じつは少ないのかもしれません。過去問は，なんとなく目を通して安心してしまうものではなく，徹底的に分析されなくてはならないのです。とにかく数多くの問題にあたり，自力で解答していくうちに，ある分野は繰り返し出題され，ある分野はほとんど出題されないことに気づくはずです。ここまできて初めて，「過去問」にあたれ，という言葉が自分のものにできたといえるのではないでしょうか。

　頻出分野が把握できたなら，もう合格への道筋の半分まで到達したといっても過言ではありません。時間を効率よく使ってどの分野からマスターしていくのか，計画と戦略が立てられるはずです。

　とはいえ，教養試験も含めると20以上の科目を学習する必要がある公務員試験では，過去問にあたれといっても時間が足りない，というのが事実ではないでしょうか。

　そこでＴＡＣ公務員講座では，みなさんに代わり全力を挙げて，<u>「過去問」を徹底分析し</u>，この『過去問攻略Ｖテキスト』シリーズにまとめあげました。

　<u>網羅的で平板な解説を避け，不必要な分野は思いきって削り，重要な論点に絞って厳選収録しています。また，図表を使ってわかりやすく整理されていますので，初学者でも知識のインプット・アウトプットが容易にできます。</u>

　『過去問攻略Ｖテキスト』の一冊一冊には，"無駄なく勉強してぜったい合格してほしい"という，講師・スタッフの思いが込められています。公務員試験は長く孤独な戦いではありません。本書を通して，みなさんと私たちは合格への道を一緒に歩んでいくことができるのです。そのことを忘れないでください。そして，必ずや合格できることを心から信じています。

2019 年 9 月　ＴＡＣ公務員講座

※本書は，既刊書『公務員Ｖテキスト６　刑法』の本文レイアウトを刷新し，『公務員試験　過去問攻略Ｖテキスト６　刑法』とタイトルを改めたものです。

●──〈刑法〉はしがき

1．刑法の特色

　刑法とは，犯罪と刑罰に関する法です。国家権力が，人間の生命や自由・財産を強制的に奪う，という点に特色があります。ある意味では最も法らしい法といえるかもしれません。映画やテレビ・小説に登場するなど案外身近な法でもありますし，民法と違い，条文や判例も具体的にイメージしやすい科目といっていいでしょう。

　しかし，公務員試験の刑法となると，やっかいな科目といわざるをえません（裁判所事務官は別として）。出題数が２問から３問程度と少ない割に，基本概念・条文・判例のみならず，時には学説（理論）まで問われることがあるからです。本試験では，いかに効率的な学習をするかが合否を決めるカギといえますが，こと刑法に関しては，なおいっそう効率的な学習が要求されます。

　ただ，過去問を分析すると，すべての条文や細かい学説（理論）まで問われているわけではないことがわかってきます。大まかにいえば，総論は判例を中心とした通説的見解，各論は構成要件の正確な理解が問われているにすぎません。

　本書は，こうした出題傾向を踏まえたうえで，合格に必要かつ十分な内容を盛り込んだものと自負しています。本書を繰り返し通読することをお願いしたいと思います。そうすれば必ずや短期間で合格レベルに到達できると確信しています。

2．コンパクトなテキスト

　受験に徹したコンパクトなテキスト作りを目指しました。総論・各論を含めて 230 ページ程度とし，負担なく学習できる分量におさえられています。

3．近時の過去問，法改正に対応

　Exercise に近時の労働基準監督官試験および裁判所事務官一般職大卒程度（旧・裁判所事務官Ⅱ種）試験の過去問を補充し，主要な法改正にも対応しています。

　本書は，2019 年 8 月 1 日を執筆基準日として加筆・修正を行っています。
ＴＡＣ公務員講座

本書の構成

●本文は、判例を豊富に引き、ポイントを絞った内容で、わかりやすく解説しています。

（↓図はいずれもサンプル頁です）

●頻出度合を、重要度として提示しました。白星の数が多いほど、重要な分野となります。

●学習する上での<u>一言アドバイス</u>です。

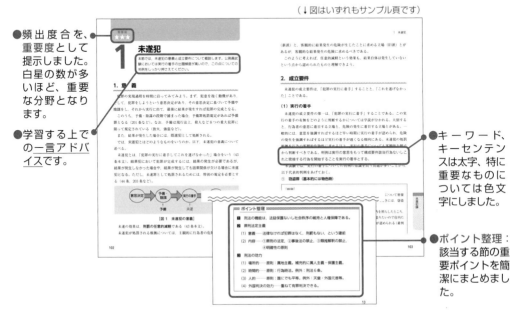

●キーワード、キーセンテンスは太字、特に重要なものについては色文字にしました。

●ポイント整理：該当する節の重要ポイントを簡潔にまとめました。

●過去問ベースの Exercise で、学習内容をチェックしましょう。

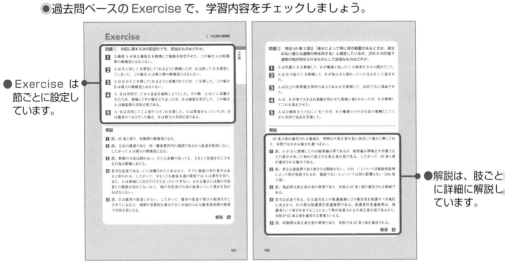

●Exercise は節ごとに設定しています。

●解説は、肢ごとに詳細に解説しています。

目 次

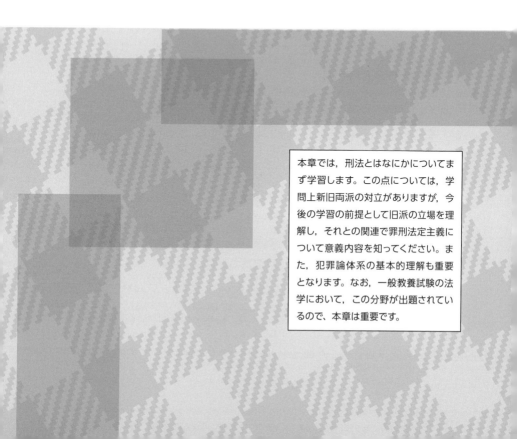

第1章

総　論

本章では，刑法とはなにかについてま
ず学習します。この点については，学
問上新旧両派の対立がありますが，今
後の学習の前提として旧派の立場を理
解し，それとの関連で罪刑法定主義に
ついて意義内容を知ってください。ま
た，犯罪論体系の基本的理解も重要
となります。なお，一般教養試験の法
学において，この分野が出題されてい
るので，本章は重要です。

重要度
★☆☆

1 刑法の意義

これから学習する刑法とはいかなる法律なのか，どのような目的から制定され，どのような機能を営んでいるのか。その本質をどのように理解するのかなど，刑法の基本事項を効率的に学習しましょう。

1. 刑法の意義

刑法とは，形式的にいえば「刑法」という名前の付いた法律，すなわち刑法典をさすが，実質的にいえば，**犯罪と刑罰とを定める法律**（その中核は刑法典）である。刑法学において対象となるのは実質的意義の刑法であるが，実際には刑法典が中心であり，この区別にさほどの意味はない。試験においても刑法典についての基本的知識・理解が問われるのだから，以下の説明も刑法典を前提としている。

2. 刑法の基礎理論

刑法は，犯罪という要件を満たせば，刑罰という効果を生じさせることを規定する。たとえば，殺人罪（199条）は，「人を殺した者は（要件），死刑又は無期若しくは五年以上の懲役に処する（効果)」とする。

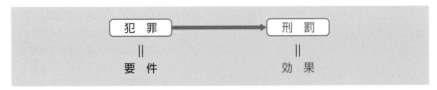

[図 1　刑法の規定]

では，刑法はなぜ刑罰権の行使を認めるのか。この点について，刑法の目的をなにに求めるかと関わり，犯罪及び刑罰の本質のとらえ方について新旧両派の対立がある。

新派（主観主義）は，危険な者から社会を防衛することに刑法の目的をお

2

き，この社会防衛という観点から犯罪，刑罰を基礎づける。これに対して，旧派（客観主義）は，社会的害悪を発生させた者に対する報復という点に刑法の目的を認め，犯罪，刑罰をこの観点から基礎づける。

端的にいえば，新派は，行為者の主観的な意思や性格を重視し，危ない奴は牢屋に入れて再教育してしまえと考えるのに対して，旧派は，客観的な行為や結果に着目し，害を及ぼしたから責任をとれと考えるのである。

[図2　新派（主観主義）と旧派（客観主義）の違い]

この対立は，具体的には以下のような様々な場面に現れている。

まず，両者は，犯罪者のとらえ方が大きく異なる。旧派の立場では，犯罪者は，我々と異ならないごく普通の人間であることを前提にする。これに対して，新派の立場では犯罪者は特別な人間であることを前提とする。すなわちそれは人間の自由意思の存在を肯定するのか否定するのかにかかわる。つまり，旧派では人間の自由意思を肯定する。その結果，人々は自由意思の下に犯罪という行動をとる。このように自由意思を肯定する以上，誰でもが犯罪を犯す可能性があるということになる。これに対して新派では人間の自由意思を否定する。犯罪は素質や環境によって決定された必然の結果であり，犯罪を犯す者はそのような危険をもった一部の人間だけだということになるのである。

次に，この点と関連して，刑罰の社会的機能のとらえ方にも差異がでる。旧派では，刑法で犯罪を規定し刑罰が科されることを予め提示しておけば，自由意思の下で（刑罰という苦痛と犯罪によって得られる利益の比較の上に）人々は犯罪を行わないようにつとめると考えられる（心理強制説）から，刑法の一般予防機能（一般人に対する犯罪予防機能）が強調される。これに対して，新

派では犯罪者となる者は予め決まっているのだから，一般人については犯罪を予防する必要がなく**特別予防機能**（犯罪者という特別な人間に対して犯罪を予防する機能）が強調され，犯罪者の改善更生（再教育）の手段として刑罰は機能するものと理解される。

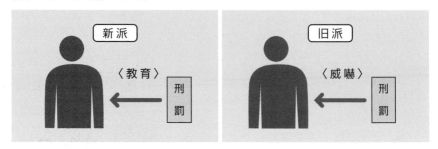

[図3 刑罰のとらえ方の違い]

そして，前述の犯罪・刑罰のとらえ方の違いもこの点と関連するのである。すなわち，旧派では犯罪者は特別な人間ではないのだから，犯罪を犯罪者の性質に即して考えるのではなく，外部に生じた結果や行為に着目して法益侵害ないし社会秩序違反と考えることになるし，刑罰も，発生させた害悪に対する応報という点に重点が置かれる（**応報刑論**）。この立場では，刑罰は犯罪者に対して応報として科される「害悪」と理解される。これに対して新派では，犯罪者という特別な人間に着目して，犯罪者の意思や性格の反社会性が犯罪であり，刑罰は犯罪者を改善・教育し，その危険性を除去する手段としてとらえられることになるのである（**目的刑論**）。

最後に責任の本質についても，旧派は行為に対する非難としてとらえるのに対して，新派は行為者の危険性と考え，責任能力についても，旧派が非難の前提としての意思決定しうる能力と考えるのに対して，新派は刑罰適応能力と考える点で異なる。

以上をまとめると次のようになる。

〈表 1　新旧両派の相違〉

	新派	旧派
自由意思	否定	肯定
犯罪の本質	行為者の反社会性	法益侵害
		社会秩序違反
責任の本質	行為者の危険性	行為に対する非難
責任能力	刑罰適応能力	意思決定能力
刑罰の本質	改善・教育	応報
刑罰の機能	特別予防の重視	一般予防の重視

　これらは理念型であり，実際の学説では両者の差異はこれほど明瞭ではないが，試験の観点からすればこの理念型を押さえておけば足りる。

　なお，思想良心の自由を保障する憲法 19 条の下で，思想の危険性だけで処罰することは許されないから，現在の判例・通説では旧派が基本とされている。

　したがって，以下の本文の記述は，特にことわりのない限り旧派の立場に則っている。

ポイント整理

1　刑法とは，形式的には刑法典，実質的には犯罪と刑罰を定める法をいう。

2　新旧両派の対立は，刑法のさまざまな分野にわたっている。

3　自由意思においては，旧派は肯定，新派は否定。

4　犯罪論において，旧派は客観的な行為・結果を重視，新派は主観的な行為者の意思・性格を重視。

5　刑罰論において，旧派は応報刑論に立ち一般予防機能を重視，新派は目的刑論に立ち特別予防機能を重視。

Exercise

問題① いわゆる学派の争いについて新旧両派の主張に関する次のうち，旧派の主張はどれか。

1 意思決定論

2 犯罪の本質を行為者の反社会性と考えること

3 一般予防論

4 目的刑論

5 責任能力は刑罰適応能力と考えること

....

解説

1 誤。意思決定論は新派の考え方の基礎にある理論で，人間の行動は素質と環境によって決定されており，犯罪は必然的な結果ととらえる考え方である。旧派は自由意思論に立つ。

2 誤。犯罪の本質を行為者の反社会性に求めるのは新派である。旧派は犯罪の本質を社会的害悪の発生に求める。

3 妥当な記述である。旧派の主張である。

4 誤。目的刑論は新派の立場である。刑罰は犯罪者の再教育の手段であり，教育目的で科されるととらえる立場である。旧派は応報刑論に立つ。

5 誤。責任能力を刑罰適応能力ととらえるのは新派である。再教育できるから刑罰を科すのである。旧派では，非難可能性の前提としての事理弁識能力および行動制御能力ととらえる。

解答 **3**

問題② 刑罰の本質の考え方には，大別すると応報刑論と目的刑論があり，また，刑罰の社会的機能については一般予防論と特別予防論がある。それらに関する次の記述のうち，妥当なものはどれか。

　　　ただし，応報刑論とは犯罪という悪に対しては刑罰をもって応えるのが正義の要請であるとする考え方であり，目的刑論とは犯罪者には社会に適合するような教育を加えるために刑罰を科すとする考え方である。また，一般予防論とは，刑罰のもつ威嚇力によって一般人が犯

罪に陥ることを防止するという考え方であり，特別予防論とは，刑罰のもつ教育的効果によって犯罪者が再び犯罪に陥ることを防止しようとする考え方である。

1 応報刑論が，犯罪が起こらないように刑を科すのに対して，目的刑論は犯罪が起こったから刑を科すというものである。

2 応報刑論は苦痛を与えることを予告することで，犯罪を犯さないようにするものである。

3 特別予防論は古くから存在する見せしめ刑やフォイエルバッハの心理強制説に代表される。

4 一般予防論は治療刑が代表であり，リハビリテーション思想というかたちで表現される。

5 応報刑論も一般予防論も刑罰を「害悪に対する応報」ととらえていたのに対し，特別予防論の主な観点は「犯罪者の改善」である。

・・・

解説

1 誤。応報刑論は犯罪が起こったから刑罰を科すとするものであり，目的刑論は犯罪を犯さないように刑を科すとするものであるから，本肢は説明が逆である。

2 誤。応報刑論は罪を犯したから刑を科すとするものである。本肢は一般予防論の説明である。

3 誤。見せしめ刑や心理強制説は一般予防論の代表である。

4 誤。治療刑やリハビリテーション思想は特別予防論の代表である。

5 妥当な記述である。

解答　5

2 罪刑法定主義

刑法の大原則として罪刑法定主義があげられますが，罪刑法定主義とは何か，なぜ要求されるのか，その内容はなにかをつかんでください。

1. 刑法の機能

刑法は，前述のように犯罪という要件と，刑罰という効果について定めているが，その機能はどこにあるのか。

この点については，刑法の目的が犯罪の防止にある以上，刑法が正常に働く限り犯罪防止機能を果たすことになる。これを具体的にみれば，旧派の見地からは，刑法は害悪の発生を防止するという目的を持っているということになる。この害悪の内容については，法益侵害（広く法によって守られるべき利益の侵害をいう）と考えるか，社会秩序の違反ととらえるかの争いはあるが，刑法の適切な運用がなされれば，法益保護ないし社会秩序の維持が図られることになろう。そこで，刑法の機能の第一は，この法益の保護ないし社会秩序の維持に求めることができる（なお新派の立場からは，社会防衛と考えることになる）。

他方で，刑法が，国家刑罰権の発動を効果として認めることは国家刑罰権というもっとも大きな人権への脅威を根拠づけるとともに，その発動に制限を加えることになる。すなわち，国家による恣意的な処罰を禁止しているのである。

この点から刑法は恣意的処罰による人権侵害を防止し，人々の行動の自由を保障しているということができる。したがって，刑法の機能の第二は，人権の保障であるということができる。

[図4　刑法の2つの機能]

2. 罪刑法定主義

（1）意　義

　罪刑法定主義とは，いかなる行為を犯罪とし，それに対していかなる刑罰を科するのかを予め法律で定めなければならないとする原則をいう。通常「**法律なければ犯罪はなく，刑罰もない**」という標語が用いられる。

　今日の刑法上，罪刑法定主義は揺るぎない大原則として承認されているが，刑法典上にはこれを認める直接の明文規定はない。しかし，前述の刑法の人権保障機能の点から当然のものとされているのである。

　罪刑法定主義は，予め刑罰権の行使の範囲を明示することで人々に行動の自由を保障し，恣意的処罰を防止するという重要な目的を有しているのである（自由保障機能）。

　なお刑法典上には明文はないが，現行法上の根拠としては，憲法31条，39条があげられる。

[図5　自由保障機能]

（2）内　容

　罪刑法定主義は，このように恣意的処罰を防止し，国民の自由を保障するための刑法の大原則とされるものであることから，通常その内容として①罪刑の法定（法律主義），②事後法の禁止（遡及処罰の禁止），③類推解釈の禁止，④明確性の原則があげられている。

①　罪刑の法定（法律主義）

　憲法31条は法律の定める手続きによらなければ刑罰を科すことはできないと規定するが，この手続きには刑罰を定める実体法も含むものと解されてい

る。これが，罪刑法定主義の一内容である罪刑の法定（法律主義）である。国家刑罰権という人権にとっての最大の脅威を行使しうるためには，国民代表機関たる国会の定める法律で民主的コントロールを加えて規定することが必要なのである。

この法律主義の要請から，慣習刑法（法律にない慣習による処罰）は禁止される。また，刑の種類や範囲を定めない絶対的不定期刑は，罪「刑」の法定を要求する以上，否定される。

② **事後法の禁止（遡及処罰の禁止）**

憲法39条前段は，何人も，実行の時に適法であった行為について，刑事上の責任を問われないとするが，これは，罪刑法定主義の一内容である**事後法の禁止（遡及処罰の禁止）**を規定するものである。後から作られた法律で，実行の時に適法であった行為を処罰するならば，国民の予測可能性を失わせ，その行動の自由を萎縮させる効果を与えるから事後法が禁止されるのである。ただ，**刑法6条**は，後から作られた法律のほうが，犯罪実行の時の法律より**軽**いときには，例外的に後から作った法律を遡及適用してもよいとしている。これは，罪刑法定主義の例外であるが，人権保障により資するものであるから許されるのである。

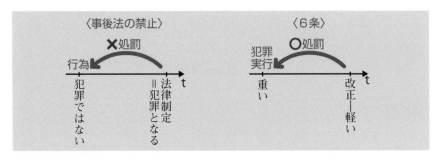

［図6　事後法の禁止と刑法6条］

③ **類推解釈の禁止**

類推解釈とは，ある事柄aについては規定があるが，それと似た他の事柄bについては規定がない場合，その類似性からaについての規定に準じてbを処理するような法規の解釈方法をいう。刑法においてかかる類推解釈をするな

らば，条文から読み取れない行為をも処罰することが可能となり，人々の予測可能性が失われることになる。そこで，刑法の人権保障機能の点から類推解釈は禁止されるのである。

　なお，条文の文言に日常の意味として含まれる範囲で拡張適用すること（拡大解釈）は許される。

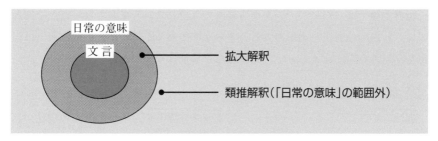

[図7　類推解釈と拡大解釈]

④　明確性の原則

　人々の行動の自由の保障，その前提としての予測可能性という点からすれば，単に法律で規定されていればよいわけではない。法律の規定が明確性を欠けば，実質的には何も規定されていないのと同じであり恣意的処罰の危険がある。そこで，法内容の明確性が要求されるのである。

3.　刑法の効力

（1）場所的効力

　刑法はいかなる範囲で効力を有するか。まず犯罪の場所との関係で，場所的効力が問題となる。

　この点については，4つの考え方がある。①属地主義，②属人主義，③保護主義，④世界主義である。

　属地主義とは，だれが犯したものであれ，わが国の領土内で犯された犯罪にはわが国の刑法が適用されるとするものであり，刑法上これが原則とされている（1条）。

　属人主義とは，いかなる場所であれ，わが国の国民が犯した犯罪にはわが国

の刑法が適用されるとするものであり，比較的重大な犯罪について採用されている（3条，4条）。

　保護主義とは，わが国ないしわが国の国民の利益に重大な影響を与える犯罪については，いかなる場所でだれが犯したかは問わず，わが国の刑法が適用されるとするものであり，特に重要な犯罪についてのみ採用されている（2条）。

　世界主義とは，だれが，いかなる場所で，だれに対しておこなったかを問わずに，わが国の刑法が適用されるとするものであるが，わが国の刑法典上は規定されておらず，ハイジャック防止法など個別に規定がある。

（2）時間的効力

　刑法も時の流れに応じて改正などにより変化するが，いつの時点の刑法が適用されるのか。この点については，事後法の禁止（憲法39条）から，原則として**行為時法**（犯罪行為時において存在した法）によるものとされている。ただし，例外として刑法6条がある。

　刑法6条「犯罪後の法律によって刑の変更があったときは、その軽いものによる。」

（3）人的効力

　刑法は，原則としてだれにも平等に適用されるが（憲法14条参照），裁判の対象外とされる天皇や，治外法権の下にある外国元首などには適用できない。

（4）外国判決の効力

　外国ですでに有罪判決を受けた者に対しても、同一行為について有罪判決をすることができる（5条）。

⊗⊗⊗ **ポイント整理** ⊗⊗⊗

1 刑法の機能は，法益保護ないし社会秩序の維持と人権保障である。

2 罪刑法定主義

(1) 意義……法律なければ犯罪はなく，刑罰もない，という建前

(2) 内容……①罪刑の法定，②事後法の禁止，③類推解釈の禁止，
④明確性の原則

3 刑法の効力

(1) 場所的……原則：属地主義。補充的に属人主義・保護主義。

(2) 時間的……原則：行為時法。例外：刑法6条。

(3) 人的………原則：誰にでも平等。例外：天皇・外国元首等。

(4) 外国判決の効力……重ねて有罪判決できる。

Exercise

問題①　刑法の適用範囲に関する次の記述のうち，妥当なものはどれか。

1　犯罪行為について，外国で確定判決を受けたとしても，重ねて，同一行為についてわが国の刑法を適用して処罰することができる。

2　保護主義によれば，日本人が外国で犯罪を犯した場合にわが国の刑法が適用されるが，外国人が外国で犯罪を犯してもわが国の刑法の適用はない。

3　わが国の刑法は属地主義を採用しているが，日本国外にある日本船舶内で犯罪がおこなわれたとしても，わが国の刑法は適用されない。

4　外国人による犯罪がわが国においておこなわれたとしても，当該外国人は原則として母国で裁判を受ける。

5　犯罪をおこなった後に，当該行為が法律の改正により処罰の対象から除外されたとしても，改正以前になされた行為である以上，つねに処罰される。

・・

解説

1　妥当な記述である（5条）。

2　誤。保護主義とは，だれがどこで犯そうとわが国の刑法が適用されるとする建前であり，外国人が外国で犯したとしてもわが国の刑法が適用される。

3　誤。属地主義とは，だれが犯そうとわが国の領土内において犯された犯罪にはわが国の刑法が適用されるとする建前であり，刑法上はこれが原則とされている（1条1項）。そして，わが国の船舶内で罪を犯した者も同様とされているので（同条2項），本肢の場合わが国の刑法が適用される。

4　誤。**3**の解説で述べたとおり，わが国の刑法上属地主義が原則とされている以上，本肢においてもわが国の刑法が適用される。

5　誤。遡及処罰の禁止が原則であるが，刑法6条は，実行後の改正で軽く処罰される場合には，改正後の法律を適用する旨規定する。したがって，本肢のような場合には，同条の趣旨から処罰されないのが原則となる。

解答　**1**

問題②　罪刑法定主義とは，いかなる行為が犯罪となり，それに対してどのような刑罰が科されるかについて，あらかじめ成文の法律をもって明確に規定しておかなければならないという原則のことであるが，この原則に関する次の記述のうち，明らかに誤っているものはどれか。

1 被告人に不利な方向での類推解釈は，これを認めると，法律において規定されていない事項に刑罰法規を適用することになり，その結果，国民にとっての行動の予測可能性を奪うことになるから，罪刑法定主義の要請に反し，許されない。

2 憲法 39 条前段は「何人も，実行の時に適法であった行為 …… については，刑事上の責任は問はれない。」と規定するが，これは，罪刑法定主義の法規上の根拠とはならない。

3 「……した者は，懲役に処する」というような規定は，罪刑法定主義の要請に反し，許されない。

4 罪刑法定主義を実質的に考えると，犯罪と刑罰を明確に定めることもその要請するところであると解されることになるが，当該法規が明確か否かは，通常の判断能力を有する一般人の理解を基準として，判断する。

5 罪刑法定主義の下でも，成文の法律で犯罪と刑罰について定められている限り，その法律の解釈において慣習を考慮することは許される。

(裁Ⅱ平 15)

解説

1 正。類推解釈は，裁判所による立法であり法律主義に違反し，その結果，国民の予測可能性を害する。したがって，罪刑法定主義に反することとなる。

2 誤。罪刑法定主義の実質的原理である自由主義は，罰則が事前に法令で制定されていることを要請する。したがって，事後的に制定された罰則を遡及して適用し，処罰することは許されない。(遡及処罰の禁止)。そうでなければ，国民の予測可能性が失われるからである。憲法 39 条前段はこのことを規定している。

3 正。本肢の場合は，罪刑法定主義の派生原則である絶対的不定期刑の否定に反する。なぜなら，絶対的不定期刑は，刑罰権の濫用を生じる可能性があり，国民の自由を不当に侵害する危険があるからである。つまり，罪刑の「刑」の部分についても予測可能性が要求されるのである。端的に言えば，絶対的

不定期刑は，罪「刑」法定主義と矛盾すると言えよう。少なくとも，刑種，刑量は相対的に決定されていなければならない（相対的不定期刑）。したがって，ただ単に「懲役刑に処する」というような規定では不十分である。なお，相対的不定期刑は許される（少年法 52 条）。

4 正。罪刑法定主義は，国民に何が犯罪行為であるかを告知し，国民に行動の予測可能性を与えることを目的とする。そうすると，犯罪と刑罰を明確に定めることが要請され（明確性の原則），明確か否かについては，通常の判断能力を有する一般人を基準にして判断することとなる（最大判昭 50.9.10，徳島市公安条例事件）。

5 正。本肢の通り，法律の解釈において慣習を考慮することは許される。なぜなら，成文の法律で犯罪と刑罰について定められていれば，国民は何が犯罪行為に当たるかを判断する手がかりは与えられているといえ，慣習を考慮しても予測可能性を害することはないと考えられるからである。しかしながら，法律によらない慣習刑法は排除される。

解答 **2**

重要度
★★☆

3 犯罪論体系

刑法総論では，特に犯罪論体系が重要視されます。これは，犯罪の成否を論理的に判断することで，判断の誤りや恣意的処罰を防止するためです。これからの学習においてつねに体系を念頭に置いてください。

1. 犯罪論体系

犯罪論体系とは，簡単にいえば個別的な犯罪の特徴を捨象して犯罪一般の成立要件を体系化したものである。この点については，構成要件・違法・有責の三分論体系が通説とされている。この**三分論体系**に従って，犯罪は，構成要件に該当する違法かつ有責な行為と定義されるのである。

各問題点や制度が，この体系上のどこに位置づけられるものかを理解することが刑法総論の最も基本であり，かつ最も重要な作業となる。

2. 犯罪論体系の基本的理解

犯罪論体系は，犯罪成立要件の体系であるから，なぜ，これらの三要素が要求されるかについては，犯罪とはどのようなものか，犯罪者はなぜ処罰されるのかを考えることで答えが出る。

まず，**構成要件**については，犯罪の形式的処罰根拠として要求される。

前述の罪刑法定主義の一内容である法律主義から，犯罪とは法律上規定されていることが必要である。すなわち，法律により禁じられていることに該当する行為が犯罪であるということになる。構成要件とは，このように法律上規定された各犯罪についての条文を解釈することによって得られた犯罪の枠組みである。よって，構成要件に該当することが，その行為が形式的に犯罪とされる根拠となるのである。

次に**違法性**とは，端的にいえば処罰に値する害悪を発生させたことである。これを客観的な実質的処罰根拠ともいう。

すなわち，条文は何の意味もなく規定されているわけではなく，一般的に処

17

罰に値する行為を規定するものであるから，条文に規定される実質的処罰根拠が必要である。

また，条文にあてはまっても，後に学習する正当防衛などにあたれば処罰されないのであり，その意味で実質的に処罰に値する行為かどうかを判断しなければならない。

最後に**責任**については，犯罪の主観的側面での実質的処罰根拠として要求される。

犯罪成立の効果として刑罰が科される以上，過失責任の原則のもとでは，その行為者に主観的に非難されるべき理由がなければならない。この非難可能性の判断が，責任の問題である。

以上のように，犯罪論体系の三要素は，それぞれ犯罪の処罰根拠として要求されるのである。

3. 犯罪成立要件

構成要件・違法・有責は同時に犯罪の成立要件としての意味ももつ。

そこで，以下それぞれについて簡単に説明をしておくことにしよう。

(1) 構成要件

構成要件とは，社会通念に基づいて違法かつ有責な行為を類型化したものということができる。前述のように，犯罪の実質的処罰根拠は，違法性と有責性にある以上，条文の規定もかかる根拠に基づいているのである。類型化したということの意味は，社会通念に従って同種の行為を最大公約数でくくったということである。

たとえば，199条は，「人を」「殺した」と規定するが，このなかには，甲が「乙の」「首を絞めた」も，Aが「Bの」「胸をナイフで刺した」も含まれる。具体的な客体や行為の特徴を捨象して，われわれが社会通念上，通常違法で有責な行為であると考えるものを，「人を」「殺した」という最大公約数でくくっているのである。

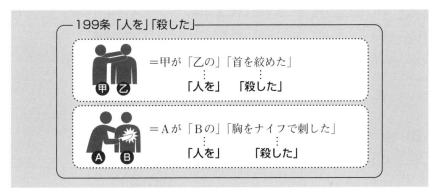

［図8　構成要件のイメージ］

　この意味で，構成要件は違法・有責行為類型であり，構成要件該当行為は原則として違法で有責な行為と推定される（構成要件の違法・有責推定機能）。

　しかし，具体的な行為状況や，行為者の立場に立ってみた場合には違法・有責でない場合もあり，処罰に値するような実質を備えたものかどうかを判断する必要がある。

　そこで，実質的処罰根拠としての違法性・有責性の判断が必要となるのである。

（2）違法性

　次に違法性とは，簡単にいえば害悪を発生させることであるが，害悪の具体的内容については，結果無価値論（違法とは法益侵害の結果を中心に考えるべきとする立場）と**行為無価値論**（違法とは社会倫理規範に違反する行為を中心に考えるべきとする立場）との対立がある。簡単に両者の差異をいえば，結果無価値論は法益侵害ないしその危険のみで違法を判断するので，違法論から行為者の主観を排除する傾向にあるのに対して，行為無価値論は，法益侵害の結果ないし危険のみでなく，行為者の主観をも含めた行為態様全般を違法判断の対象にするため，違法において行為者の主観の影響を広く認める傾向にある，ということになる。

　なお，判例・通説は，行為無価値的に考えている。たとえば，同じ他人の物を盗る行為でも，だましてなのか，脅してなのか，黙ってなのかで法定刑が変

19

わることにかんがみれば，行為態様をも考慮して行為無価値的に考えるのが現行法に沿うものと考えられている。

　もっとも，前述したように，構成要件に該当する行為は違法性が推定されるので，違法性の判断とはいっても例外的に違法性を阻却する事由の有無を判断するだけである。その内容については後述する。

(3) 責　任

　構成要件に該当する違法な行為は，最後に責任を満たせば犯罪となる。責任とは，行為に現れた行為者の意思決定に対する**非難可能性**をいう。その具体的内容は後述するが，行為者の主観によって非難の程度が異なる。たとえば，わざと人を殺す（意欲）場合と，死ぬとは思っていない（不注意）場合では成立する犯罪の法定刑に大きな違いがある（23ページに掲記の199条，210条，211条参照）。

　なお，責任判断の対象は，行為者の主観面や，行為者の能力などであるから，人的・個別的に判断されるべきであり，違法の場合とは異なり，構成要件の推定機能も弱くなる。それゆえ，責任の有無判断は積極的になされる必要がある。

(4) その他

　ある行為が，構成要件に該当し違法性・責任を満たせば犯罪が成立し，刑罰を科すことができるのが原則であるが，場合によっては，刑罰を科すために一定の条件が必要な場合（**処罰条件**）や，一定の事由があることによって刑罰が免除される場合（**処罰阻却事由**）がある。前者の例としては，197条2項の「公務員となった場合」が，後者の例としては，244条の親族相盗例があげられる。

4. 犯罪の構造

　犯罪論体系にのっとって全体を図にすると以下のようになる。

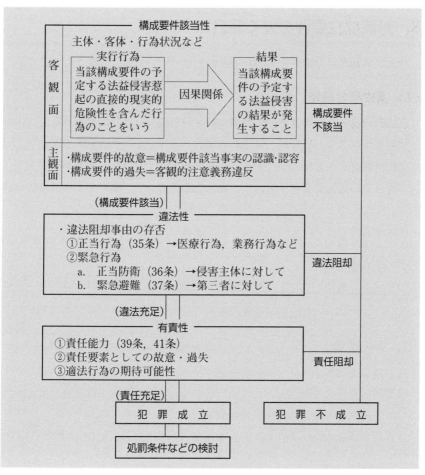

[図9　犯罪の構造]

＊犯罪が成立しても一定の条件が備わらないかぎり処罰できない場合がある（197条2項「公務員となった場合」など）。こうした条件を処罰条件という。また犯罪が成立しても一定の事由があることによって処罰が阻却される場合もある（244条など）。こうした事由を処罰阻却事由という。

5. 犯罪成立要件を欠く場合

なお，各犯罪成立要件を欠いた場合の処理について簡単にまとめておく。

（1）構成要件段階

①実行行為のない場合……予備罪の検討→予備でなければ犯罪不成立

②結果が生じない場合……未遂罪の検討→未遂でなければ犯罪不成立

③因果関係を欠く場合……未遂罪の検討→未遂でなければ犯罪不成立

④構成要件的故意を欠く場合……過失犯の検討→過失犯でなければ犯罪不成
　　　　　　　　　　　　　　　　　　　　　　　　立

⑤構成要件的過失を欠く場合……犯罪不成立

（2）違法性段階

違法阻却事由　あり……違法性阻却→犯罪不成立
　　　　　　　なし……責任段階へ

（3）責任段階

①責任能力を欠く場合……犯罪不成立

②責任故意を欠く場合……過失犯の検討→過失犯でなければ犯罪不成立

③責任過失を欠く場合……犯罪不成立

④期待可能性のない場合……犯罪不成立

（4）処罰条件等

①処罰条件がない……いまだ処罰できない

②処罰阻却事由がある……処罰阻却

③刑の減免

【殺人の罪】

[199条] 人を殺した者は, 死刑又は無期若しくは5年以上の懲役に処する。

[210条] 過失により人を死亡させた者は, 50万円以下の罰金に処する。

[211条] 業務上必要な注意を怠り, よって人を死傷させた者は, 5年以下
　　　　の懲役, 若しくは禁錮又は100万円以下の罰金に処する。重大な
　　　　過失により人を死傷させた者も, 同様とする。

ポイント整理

1 犯罪とは, 構成要件に該当する違法かつ有責な行為である。

2 構成要件とは, 社会通念に基づいて違法かつ有責な行為を類型化した
ものである。

3 違法性は, 法益侵害と社会倫理規範違反の双方から判断される。

4 有責性とは, 行為者に対する非難可能性である。

Exercise

問題①　犯罪の成立に関する次の記述のうち，妥当なものはどれか。

1 犯罪は，ある行為が構成要件に該当し，違法阻却事由がなければ成立する。

2 因果関係は違法性の要素であり，因果関係が欠ければ違法性が阻却されるから犯罪とはならない。

3 結果が発生しなければ，構成要件には該当しない以上，いかなる場合でもつねに犯罪とはならない。

4 犯罪が成立しても必ずしも処罰されるとは限らない。

5 正当防衛が認められれば，犯罪は成立するが刑が減軽される。

....

解説

1 誤。犯罪とは，構成要件に該当する違法かつ有責な行為であり，ある行為が構成要件に該当し，違法阻却事由がないだけでなく，責任が満たされて初めて犯罪が成立する。

2 誤。因果関係は構成要件要素であって，違法要素ではない。また因果関係が欠ける場合は未遂の問題となるので，未遂犯処罰規定があれば犯罪となり処罰される。

3 誤。構成要件要素として結果が要求されている犯罪では，結果が発生しないかぎり既遂とはならない。しかし，結果が発生しなくても未遂犯処罰規定があれば犯罪となり処罰される。

4 妥当な記述である。犯罪が成立しても処罰条件が満たされないかぎり処罰されないし（197条2項など），処罰阻却事由があれば処罰を免れる（244条など）。

5 誤。正当防衛（36条1項）は違法阻却事由であり，正当防衛が認められれば，違法性が阻却され犯罪は成立しない。

解答　4

問題②　次の図の【　】内に入る語句の組み合わせを下記❶から❺のうちから選べ。

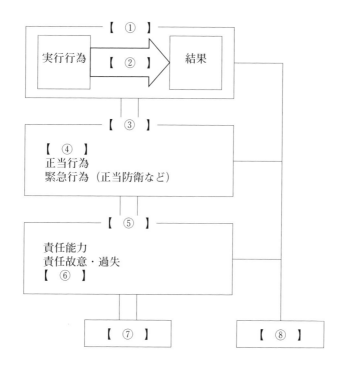

❶　①構成要件　②因果関係　③違法性　④違法阻却事由　⑤責任　⑥期待可能性　⑦犯罪成立　⑧犯罪不成立

❷　①構成要件　②因果関係　③責任　④期待可能性　⑤違法性　⑥違法阻却事由　⑦犯罪成立　⑧犯罪不成立

❸　①構成要件　②因果関係　③責任　④期待可能性　⑤違法性　⑥違法阻却事由　⑦既遂罪　⑧未遂罪

❹　①構成要件　②因果関係　③違法性　④違法阻却事由　⑤責任　⑥期待可能性　⑦既遂罪　⑧未遂罪

❺　①構成要件　②故意・過失　③違法性　④期待可能性　⑤責任　⑥違法阻却事由　⑦既遂罪　⑧未遂罪

解説

　本試験では，このような問題はおそらく出ないであろうが，体系論の理解を深めてもらう意図であえて出した。

　図を見れば，犯罪論体系の全体像であると推測がつくであろう。

　本文中にも述べたが，犯罪論体系については，構成要件・違法・有責の三分論体系が通説であるから，3つの大きな段階は順に構成要件，違法性，責任となる。したがって，①は構成要件，③は違法性，⑤は責任となる。次にそれぞれの要素を思い出してほしい。まず構成要件要素としては，実行行為，結果，因果関係などがあるが，図を見ると，②は実行行為と結果とを結びつけるものであるから因果関係となる。次に違法性段階では違法阻却事由が判断されるから，④は違法阻却事由となる。最後に，責任段階では責任能力と故意・過失が書かれている以上，⑥は期待可能性となる。

　こうして，構成要件に該当し違法・責任を充足すると犯罪は成立することになる。そこで，⑦は犯罪成立となる。また，構成要件，違法，責任の各段階で跳ね出された行為は犯罪とはならないので，⑧は犯罪不成立となる。以上から正解は**1**となる。

解答　**1**

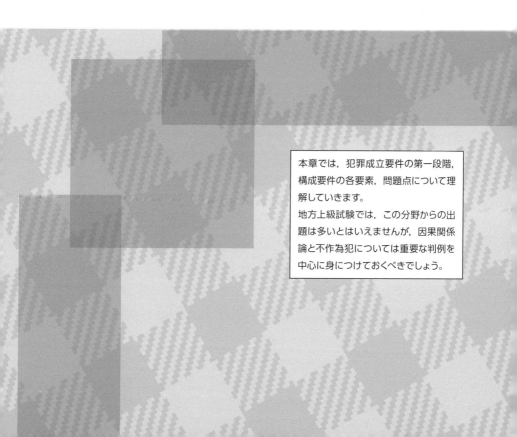

第2章

構成要件該当性

本章では，犯罪成立要件の第一段階，構成要件の各要素，問題点について理解していきます。

地方上級試験では，この分野からの出題は多いとはいえませんが，因果関係論と不作為犯については重要な判例を中心に身につけておくべきでしょう。

重要度
★★☆

1 実行行為に関する諸問題

構成要件該当性の分野では，まず実行行為性が最大の問題となります。ただし，過去問で出題されているのは不作為犯のみです，これを中心に学習してください。

1. 構成要件要素

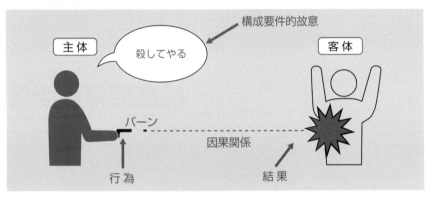

[図1　構成要件要素]

　犯罪が成立するためにはまず構成要件に該当しなければならない（**構成要件該当性**）。構成要件要素には以下のものがあるが，これは刑法各論の学習が終わってから頭の整理の意味で押さえておけば十分である。

　客観的構成要件要素としては，**行為者**（**主体**），**行為**（**実行行為**），**客体**，**結果**，**因果関係**，場合によっては一定の**行為状況**（**例** 114 条消火妨害罪「火災の際」）などがあげられる。次に主観的構成要件要素としては，**構成要件的故意**，**構成要件的過失**が代表例であるが，目的犯においては一定の**目的**が必要とされ（**例** 148 条通貨偽造罪「行使の目的」），また，判例は窃盗罪において**不法領得の意思**を要求する。

　なお，構成要件要素との関係で各種犯罪は，以下のように分類される。

28

〈表 1　犯罪の分類〉

作為犯	作為で犯される犯罪	
不作為犯	不作為で犯される犯罪	
	真正不作為犯	不作為の形で規定された条文に不作為で違反する場合
	不真正不作為犯	作為の形で規定された条文に不作為で違反する場合
結果犯	一定の結果の発生を要求する犯罪	
挙動犯 （単純行為犯）	行為者の一定の行為さえあれば直ちに成立する犯罪（偽証罪（169条）など）	
結果的加重犯	ある基本となる犯罪が成立した後，それに基づき一定の重い結果が発生した場合に重く処罰される場合（205条など）	
侵害犯	法益が現実に侵害されることを必要とする犯罪	
危険犯	法益侵害の危険を発生させれば足りる犯罪	
	具体的危険犯	具体的な危険の発生が要件とされる危険犯（110条など）
	抽象的危険犯	具体的危険の発生を要求しない危険犯（108条など）
即成犯	法益が侵害されまたは危険が生じることでただちに完成し，同時に終了する犯罪	
継続犯	一定の法益侵害行為が継続することで完成し，その行為中は犯罪が継続するもの	
状態犯	法益が侵害されることで犯罪は完成し，その後法益侵害状態が存続しても，その侵害状態はもはや犯罪とならないもの	

構成要件該当性

2. 実行行為の諸問題

(1) 行為論

　犯罪とは，構成要件に該当する違法かつ有責な「行為」であるが，最低限「行為」でなければならない。思想は罰せずということである（憲法 19 条参照）。通説では，行為とは意思に基づく身体の動（作為）静（不作為）とする（有意的行為論）。

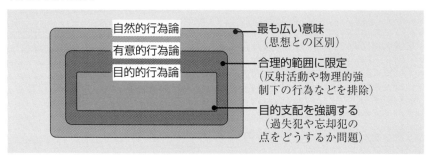

[図 2　行為論]

(2) 実行行為

　構成要件要素のうちで最も重要なものの 1 つに実行行為がある。

　基本的構成要件に該当する行為をいうが，これではすべてを語って何も語らずであるから，実質的に考える必要がある。

　そこで，実行行為を実質的にとらえた場合，実行行為とは当該**基本的構成要件が予定する結果を発生させる現実的危険を含む行為**と定義できる。

　たとえば，殺人罪であれば，人を殺す行為（199 条），窃盗罪ならば，他人の物を窃取する行為（235 条）がこれにあたる。

　この実行行為については，具体的内容は各論の各犯罪類型を学ぶ際に詰めていけばよいので，ここでは，総論において実行行為性が問題となる不作為犯について若干の説明をするにとどめる。

(3) 不作為犯

　たとえば，「人を殺す」（199 条）は作為，「退去しなかった」（130 条後段，不退去罪）は不作為である。このように犯罪には作為の形で規定されるもの（真正作為犯）と不作為の形で規定されているもの（真正不作為犯）がある。

　問題は，作為の形で規定されている殺人罪などを不作為の形で犯すことができるかである。これが**不真正不作為犯**（作為の条文に不作為で違反する場合）の問題である。

　殺人罪を例にとってみれば，殺人罪においては「人を殺す」という作為が要求されているので，①作為による殺人罪（A が B をナイフで刺し殺したような場合）はまさに条文が予定する犯罪がなされたこととなり，特に問題はない。

　問題は，②不作為による殺人（たとえば，B がおぼれているところを通りかかった A が「死んでもかまわない」と思って傍観していたので，B は溺死したような場合）は殺人罪の構成要件に該当するのかである。すなわち，**その不作為が殺人罪の実行行為，すなわち殺人結果を発生させる現実的危険性があるといえるか**が問題となる。

[図 3　不作為の実行行為性]

　試験においては判例の知識を中心に基本的な理解が問われているだけなので，簡単に結論だけを示すにとどめる。

- まず，不作為は無であり，無から有は生じないのではないかという問題がある。この点については，刑法上**不作為とは何もしないことではなく，期待された行為をしないことである**と考えられているので，不作為からも結果の生じることがありうる。
- 次に，作為の形で規定する条文で不作為を処罰することは許されない類推解釈ではないかという問題がある。この点については，作為に限らず不作為も予定していると考えられている（規範には禁止の側面と命令の側面が併存している）。

さらに，不真正不作為犯はその処罰範囲が理論上無限に広がりうるので，処罰範囲の限定のために要件を定立する必要がある。

この点については，被害者との関係で，**法令・契約・事務管理・条理などによって結果を防止すべき法律上の作為義務を負う者の不作為であって初めて構成要件に該当する**と考えられている。前述の例でいえば，ＡがＢの親ならば殺人罪の可能性があるが，単なる通行人なら作為義務がないので無罪である。

最後に，判例が不真正不作為犯を認めたものには次のようなものがある。

[判例]
① 殺人罪
- 法律や契約による養育義務をもつ者が殺意をもって，乳児など被養育者の生存に必要な食物を給付せず，その結果死亡させたときは，殺人罪が成立する。
- 店主が住み込みの店員に暴行をした後，そのときに受けた傷害が原因で重体に陥ったにもかかわらず，医者を呼ぶなどの措置をとらなかった場合，殺人罪が成立する（東京地判昭 57.12.22）。
- 交通事故で重傷を負わせた被害者を病院に搬送するために自己の運転する自動車に乗せたが，途中で病院搬送を放棄し，そのまま走行したため，直ちに救護すれば救命し得た被害者を自動車内で死に至らせたときは殺人罪が成立する（東京地判昭 40.9.30）。
- 交通事故で重傷を負い，道路沿いの水深約 50 センチの川の中に転落した被害者を放置し，逃走しても，死亡の蓋然性が高度とは言えないから，被告人がその認

識を有していないときには未必的故意がなく，殺人罪は成立しない（岐阜地判昭
42.10.3）。

・医療措置が必要な状態の患者を病院から運び出させ，密室のホテル内で「シャク
ティパット」と称する独自の治療を施すにとどまり，未必的な殺意をもって，痰の
除去や点滴等患者の生命維持のために必要な医療措置を受けさせないまま放置
し，痰による気道閉塞に基づき窒息死させた者は，不作為による殺人罪が成立す
る（最決平17.7.4，シャクティパット事件）。

② 放火罪

・養父を殺害後，殺害行為中に養父の投げた燃え木尻が室内にあったわらに引火
したのを目撃した行為者が，証拠隠滅目的で，容易に消火できたにもかかわらず，
放置して家屋を全焼させた場合，放火罪が成立する（大判大7.12.18）。

・神棚のろうそくが倒れそうなのを目撃しつつ，保険金獲得を企て外出した場合，
放火罪が成立する（大判昭13.3.11）。

・自己の過失により，事務室内の炭火が机に引火し燃焼しはじめているのを発見し
た者が，そのまま放置すれば事務所を焼失するに至ることを認識し，かつ容易に
これを消火できたにもかかわらず，これを放置し逃げた場合，放火罪が成立する
（最判昭33.9.9）。

なお，積極的に消火活動を妨害した場合には消火妨害罪（114条）が成立する
が，火災現場で消防隊から協力を求められたが協力しなかった者には，軽犯
罪法1条8号のみが成立し，放火罪は成立しない。

③ 詐欺罪

・準禁治産者であることを黙秘して能力者であるように誤信させ，財物を交付させ
た場合，詐欺罪が成立する（大判大7.7.17）。

④ 死体損壊罪………否定例

・木炭を製造中であった炭焼きかまどの中に見知らぬ少年が落ち込み焼死したのを
知りながら，死体を搬出しないで，かえってかまどの穴を鉄板でふさぎ放置した場
合には，その少年が面識のない者である以上，埋葬義務がないので死体遺棄罪
は成立しない（大判大13.3.14）。

ポイント整理

1 構成要件要素

(1) 客観的構成要件要素……主体，客体，行為，結果，因果関係

(2) 主観的構成要件要素……構成要件的故意・過失，目的犯の目的

2 行為とは意思に基づく身体の動静，不作為も含む。

3 実行行為とは基本的構成要件該当行為をいうが，実質的には構成要件が予定する結果を発生させる現実的危険を含む行為をいう。

4 不真正不作為犯の成立には，法令・契約・事務管理・条理などに基づく法的作為義務が必要である。

5 判例は授乳を怠った母親に殺人罪を認める。

6 判例は不作為による放火を認める。

7 火災現場で協力を求められたが協力しなかった者には放火罪は成立しない。

Exercise

Exercise

Exercise

Exercise

Exercise

Exercise

Exercise

Exercise

Exercise

問題①　不作為犯に関する次のア〜ウの記述の正誤の組合せとして最も妥当なものはどれか（争いのあるときは，判例の見解による。）。

ア　不真正不作為犯は，作為義務に従った行為をしても，構成要件的結果が発生した以上，成立することがある。

イ　不良品の包丁を仕入れてしまっていた金物店の店長が，包丁が不良品であることを知らない客から包丁を売ってくれと頼まれて，役に立たないのを知りながらこれを秘して販売した場合には，詐欺罪が成立する。

ウ　居住者から退去の要求を受けたにもかかわらず，その住居から退去しないという罪は，不真正不作為犯である。

```
    ア  イ  ウ
1   誤  正  誤
2   正  誤  誤
3   誤  誤  正
4   正  正  誤
5   正  誤  正
```

（裁　平30）

構成要件該当性

解説

ア　誤。不真正不作為犯とは，条文上は作為の形式で定められている犯罪を，不作為の形式で実現する場合である。罪刑法定主義との関係でその実行行為性が問題となる。この点判例は，①法的な作為義務を負う者が，②作為の可能性容易性があったにもかかわらず，③作為義務を怠った場合に，実行行為性を肯定している（大判大4.2.10，大判大7.12.18等）。したがって，作為義務に従った行為をした場合は，たとえ構成要件的結果が発生しても，不真正不作為犯は成立しない。

イ　妥当な記述である。詐欺行為は不作為によっても可能である。不作為による詐欺とは，既に相手方が錯誤に陥っていることを知りながら真実を告知しないことをいう。ただし，この場合は法律上の告知義務が必要とされる（大判大6.11.29）が，判例は信義誠実の原則に基づき，かなり広い範囲で告知義務を認める。不良品の包丁を仕入れてしまった金物店の店長は，包丁が不良品であることを顧客に告知する義務があり，これを秘して販売すれば不作為の詐欺罪が成立する。

ウ　誤。居住者から退去の要求を受けたにもかかわらず退去しないのは，不退
去罪（130条）にあたる。これは，実行行為が条文上不作為の形式で定めら
れている犯罪であり，真正不作為犯である。

以上により，ア：誤，イ：正，ウ：誤となり，**1**が正解である。

解答　**1**

問題②　不真正不作為犯に関する次の記述のうち，妥当なものはどれか。

1 木炭を製造中の炭焼きかまどの中に少年が落ち込み焼死したのを知りなが
ら，死体を搬出しないで，かえって穴をふさぎ放置した場合は，その少年が
面識もない少年であっても，当該不作為者には死体遺棄罪が成立する。

2 火災の際に，公務員から消火の援助を求められたにもかかわらず，これに応
じなかったために家屋が全焼した場合には，当該援助に応じなかった者は
不作為による放火罪となる。

3 不真正不作為犯が成立するためには，法令上規定された作為義務の違反が
必要である。

4 不真正不作為犯は，同一の犯罪について成立した作為犯に比してその刑を
軽減される旨規定されている。

5 不作為の形で構成要件が規定されているものを真正不作為犯というが，これ
は刑法上にもいくつか例がある。

・・

解説

1 誤。判例は，設例のような場合には埋葬義務はないとして死体遺棄罪の成立を
否定する（大判大 13.3.14）。

2 誤。不作為による放火罪が成立するためには，法的作為義務がなければなら
ず，消火活動への協力を拒んだとしても軽犯罪法 1 条 8 号の罪以外に放火罪
が成立することはない。

3 誤。不真正不作為犯が成立するためには，法的作為義務がなければならない
が，この作為義務は必ずしも法令上規定されている必要はなく，契約や事務管
理，慣習，条理に基づくものでもよい。

4 誤。不真正不作為犯は作為の形で規定される犯罪を不作為で犯す場合であり，作為の場合と同視できる場合に成立するものであるから，作為犯より刑が軽減される理由はないし，条文上はなにも規定がない。

5 妥当な記述である。真正不作為犯の例としては，107条（不解散罪），130条後段（不退去罪）などがある。

解答　5

重要度
★☆☆

2 因果関係論

地方上級試験において，不作為犯と並んで構成要件段階で出題が予想されるのがこの因果関係論です（国家総合職大卒程度では不可欠の論点）。判例の基本的知識のみならず，因果関係の基本的理解をしておきましょう。

1. 因果関係の意義

　因果関係とは，**結果犯において構成要件的結果が発生した場合に，その結果を行為者に帰責するための要件**である。

　個人責任の原則からすれば，何人も自己の行為から生じた結果についてしか責任を問われないのであり，まさにこの個人責任の原則の現れが因果関係である。

　因果関係は，このように結果を行為に帰責させるための要件であり，見方を変えれば既遂と未遂とを分ける分水嶺の役割を担うものといえる。因果関係の欠ける場合には当該行為によっては結果が生じていないのだから未遂にとどまるのである。

　たとえば次のような場合を考えてみよう。

　A・Bは共謀なく同時にCに向かって発砲し，その結果Cは死亡した。ただし，いずれの弾で死んだかは不明である。

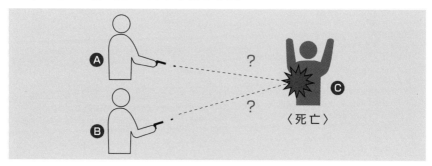

[図4　因果関係の欠ける場合]

　このような場合には，AもBもCの死の結果については責めを受けない。

38

すなわちいずれも殺人未遂罪にとどまる。

このように，因果関係は結果を行為に帰責できるか，言い換えれば，既遂の責めを負わせることができるかどうかという判断において重要な役割を担っている。

ただし，因果関係はいかなる犯罪でもつねに要求される構成要件要素というわけではない。

その意義からもわかるように，**結果犯**においてのみ問題となり，挙動犯のように行為者の行為があればただちに犯罪が完成するものについては問題となる余地はないのである。

2. 因果関係論

因果関係の判断については，条件関係（あれなければこれなし）さえあれば足りるとするのが判例の基本的立場であるが（**条件説**），これでは，結果さえ生じれば何でも帰責できることにもなりかねず，時に過酷な結果を招くおそれがある。

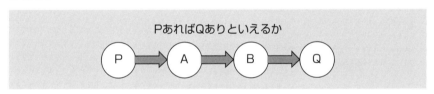

[図5 条件関係]

そこで，処罰範囲を合理的に確定するために，帰責させる結果を相当な範囲に限定する**相当因果関係説**が通説となっている。

前述の例では，条件関係すら認められないので問題はないといえるが，たとえば，AがBをピストルで撃ったところ，弾はBの腹に当たりBは重傷を負った。たまたま通りかかった通行人の通報により，Bは，救急車で病院に運ばれたが，病院で火事が起こり，Bは焼死したという例を考えてみよう。

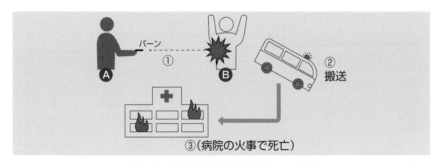

[図6　相当因果関係が採られる例]

　このような例では，条件説では殺人既遂を認めることにもなりかねない。しかし，常識的に考えてみれば，かかる場合には既遂の責めを負わせる必要はないであろう。

　こうした不都合を是正するために主張されたのが，**相当因果関係説**である。

　相当因果関係説の場合，社会的相当性で因果関係を判断する点では共通するが，何を基礎に相当性を判断するかで説が分かれる（判断基底の問題）。

　主観説は，行為時に行為者が認識した事情，または予見することが可能であった事情を判断基底とする。

　折衷説は，行為当時に一般人なら予見することが可能であった事情，および行為者が特に認識していた事情を判断基底とする。

　最後に，**客観説**は，行為時に存在した全事情および行為後の事情で予見することが可能であった事情を判断基底とする。

　前述の例でいえば，主観説なら，Aが行為当時に病院の火災を予見していたならば，因果関係が認められる。折衷説ならば，行為当時に一般人が病院の火災を予見可能であるかAが予見していたならば因果関係が認められる。客観説ならば，病院火災が一般人にとって予見可能なものならば因果関係が認められる。

　判例は，基本的には条件説に立つものといえるが（後掲①ほか），なかには相当因果関係説によったと思えるものもある（後掲②）。

〈表2　相当因果関係説〉

	主観的相当因果関係説	折衷的相当因果関係説	客観的相当因果関係説
内容	行為の当時，行為者が認識・予見した事情および認識，予見し得た事情を考慮するとする説。	行為当時の行為者の立場に立って，一般人が認識・予見し得た事情および行為者が特に認識・予見していた事情を考慮するとする説。	裁判官の立場に立って，行為当時存在したすべての事情および行為後に生じた事情でも行為当時客観的に予見可能な事情を考慮するとする説。
根拠	因果関係は行為者への帰責の問題なので，行為者が認識できない事情まで考慮すべきでない。	因果関係は構成要件該当性の問題であり，それは社会通念に従って判断されるので，一般人を基礎とすべきであり，同時に因果関係は行為者への帰責の問題でもあるので，行為者の主観も加味すべきである。	因果関係は客観的帰責の問題であるから，相当性判断も客観的事情を基礎とするべきである。
批判	行為者の主観的事情により因果関係があったりなかったりするのは不合理である。また，因果関係が肯定される範囲が狭すぎる。	行為者の主観により因果関係の存否が左右される点で主観説と同様の批判が妥当する。	行為時に存在したすべての事情を考慮すると，因果関係が肯定される範囲が広くなりすぎる。

構成要件該当性

［判例］
① **条件説**：死亡結果に一つの条件を与えたならば，それが他人の過失行為と共同的に原因を与えたときでも過失致死罪の責任を負う（大判明43.9.30）。
② **相当因果関係説**：自動車を運転していた犯人が，過失によって被害者に衝突し，その身体を自動車の屋根にはね上げたまま，それに気づかずに運転中，同乗者が被害者を引きずり降ろし道路上に転落させたところ，被害者が死亡した場合，被害者の死亡の原因となった頭部負傷が，自動車との衝突の際に生じたものか路上転落の際に生じたものか確定しがたいときは，**犯人の過失行為から被害者死亡の**

結果が生じることがわれわれの経験上当然予想しうるところでないから，その間に因果関係を認めることはできない（最決昭 42.10.24，**米兵ひき逃げ事件**）。

③　被害者の病因：被害者が高齢で重篤な心臓疾患があったため，口などを押さえつけたら急性心臓死したときは，暴行と死亡の間に因果関係がある（最判昭 46.6.17）。

④　他人の過失行為1：架線工事中に過ってショートさせて架線を溶断させ，他の鉄道要員の過失とあいまって車両火災を生じ死傷者を出したときは，他者の過失などが結果発生に対して直接かつ優勢なものとして介在していたとしても，架線溶断の過失と死傷の間には因果関係がある（最決昭 35.4.15）。

⑤　他人の過失行為2：Xが自動車後部のトランク内に被害者を監禁し道路に停車したところ，別の自動車が追突し被害者が死亡した場合，監禁行為と死の結果との間に第三者の前方不注意による追突行為がある場合でも，被告人の監禁行為と被害者の死亡との間には因果関係が認められる（最決平 18.3.27，**トランク監禁事件**）。

⑥　他人の故意行為：犯人の暴行によって被害者の死因となった傷害が形成された場合には，**その後に第三者によって加えられた暴行により死期が早められたとしても**，犯人の暴行と被害者の死亡との間には因果関係が認められる（最決平 2.11.20，**大阪南港事件**）。

⑦　被害者の行為1：被害者から診断治療を頼まれた者が，熱を上げること，水分を摂らないこと等の病状を悪化させる危険のある指示をなした結果，被害者の病状が悪化したが，なおも同じ指示を繰り返し，被害者がこの指示に忠実に従った結果死亡するに至った場合，指示と死の間には因果関係がある（最決昭 63.5.11）。

⑧　被害者の行為2：潜水講習指導中に，指導補助者と受講生の不適切な行動が介在したとしても，受講生が潜水経験に乏しく技術が未熟であり，指導補助者もその経験が浅かったという事情があるときには，指導者が不用意に受講生のそばを離れた過失行為と結果との間に因果関係がある（最決平 4.12.17）。

⑨　行為者の行為1：殺意をもって麻縄で首を絞めると，被害者が身動きをしなくなったので死亡したものと思い，被告人が被害者を海岸の砂浜に放置したところ，被害者が砂末を吸引して死亡したときには，被告人の首を絞める行為と被害者の死亡との間には因果関係が認められる（大判大 12.4.30）。

⑩　行為者の行為2：狩猟中の同行者を熊と誤信して過って発砲し，瀕死の重傷を負わせた者が，逃亡の目的で更に胸部に発砲した場合，はじめの発砲と死との間には因果関係がない（業務上過失致傷罪のほか殺人罪も成立する。最決昭

53.3.22)。

⑪　**不作為の因果関係**：A が覚醒剤を注射し，それにより錯乱・重篤状態になっ
たB を放置して死亡させた場合，置き去り時に治療していれば救命可能だった
ならば，置き去りという不作為と死との間には因果関係がある（最決平元.12.15。
注：不作為とは期待された行為をしないことであるから，「期待された行為がなさ
れればその結果が生じなかった」といえれば因果関係が認められる）。

▧ ポイント整理 ▧

１　因果関係とは，生じた結果についての既遂の責めを行為者に負わせる
ことができるかどうかを判断する要件である。

２　条件説とは，「あれなければこれなし」という関係さえあれば因果関
係ありとする立場である。

３　判例は因果関係について条件説に立つ（ただし例外あり）。

Exercise

問題①　因果関係に関する記述として最も妥当なものはどれか（争いのあるときは，判例の見解による。）。

1 甲は旧友の乙に対し，嘘の投資話を持ち掛け，100万円をだまし取ろうとした。乙は甲が嘘を言って自分をだまそうとしていることに気付いたが，甲が経済的に追い詰められていることに同情し，甲に100万円を交付した。このとき，甲に詐欺既遂罪が成立しないのは，欺罔行為に該当する行為がないからである。

2 因果関係について，「行為の危険性が結果へと現実化したか」という判断基準を用いる立場では，当初の行為それ自体が直接結果を生じさせたものではなく，事後的に介在した事情こそが結果発生に重要な寄与をした場合には，当初の行為が事後的事情に及ぼした影響の程度にかかわらず，因果関係を肯定できない。

3 実行行為と結果との間に因果関係が認められない場合は，犯罪は成立しない。

4 甲は乙に対し，頭を拳で殴る暴行を加えたところ，乙の脳にたまたま高度の病変があったため，これと相まって乙は死亡した。甲の暴行は，通常それだけでは人を死に至らしめる程度のものではなく，かつ，乙ですら自己の病変を認識していなかったような場合でも，甲に傷害致死罪が成立し得る。

5 甲は，乙に嫌がらせをするために，乙を自己の車のトランク内に監禁した状態で，道路を走行していたところ，赤信号無視をした車に衝突され，その衝撃で乙が死亡した場合は，赤信号無視をした車と事故を起こすことは通常予見し得るものではないから，甲の監禁行為と乙の死亡との因果関係が肯定されることはない。

（裁　平30）

・・・

解説

1 誤。詐欺罪（246条1項）の既遂が成立するためには，欺罔行為によって被害者が錯誤に陥ることで財物を交付することが必要であり，欺罔行為と財物移転という結果との間の因果関係が認められなければならない。本肢では，甲が嘘の投資話を持ち掛けており欺罔行為に該当する行為は認められるが，乙が甲の嘘に気付いており，錯誤に陥っていない。よって，欺罔行為と財物移転との因果関係が認められないため，詐欺既遂罪は成立せず，詐欺未遂罪（250条）が成立するにとどまる。

2 誤。因果関係の判断において「行為の危険性が結果へと現実化したか」を判断基準とする場合に，介在事情が結果に対して重大な寄与をした場合であっても，当初の行為が介在事情を誘発したなど，介在事情を経由して結果を惹起する危険が当初の行為に含まれ，その危険が結果に現実化したといえれば，因果関係を肯定できると解されている。

3 誤。既遂犯が成立するためには，実行行為と結果との間に因果関係が認められなければならない。しかし，実行行為は結果発生の具体的危険（現実的危険）のある行為と解されるところ，実行行為がなされた時点で結果発生の具体的危険性は認められるため，因果関係は認められなくても，少なくとも未遂罪は成立しうる（ただし，44条により未遂犯処罰規定が存在する場合に限られる。）。

4 妥当な記述である。判例は，行為時において被害者に特異体質や持病があった場合，行為者の行為が結果発生の唯一かつ直接の原因である必要はなく，そのような被害者の素因が行為者の行為とあいまって結果発生に寄与したといえれば，因果関係が認められるとしている（最判昭46.6.17）。行為者がそのような被害者の素因を認識していたか，または一般人が認識可能であったかどうかは問題とされていない。よって，甲の暴行自体が死亡結果を生じさせるものでなく，乙の病変を甲及び乙が認識せず，かつ一般人が認識し得なかったとしても，甲の暴行と乙の致死結果の間に因果関係は認められ，傷害致死罪（205条）が成立する。

5 誤。判例は，被害者（乙）の直接の死亡原因は第三者が起こした追突事故にあるとしても，追突の危険が高いトランクに監禁した状態で道路を走行していた事情を考慮すれば，監禁行為の危険が被害者の死亡という結果に現実化したとして，監禁行為と死亡結果の因果関係が肯定される余地はあり，第三者による追突という介在事情を通常予見可能であったかどうかは問題とされないとしている（最決平18.3.27）。

解答　4

問題②　因果関係の有無に関する次のア～オの記述のうち，適当なものはいくつあるか（争いがあるときは，判例の見解による。）。

ア　Aの行為とVの脳にあった高度の病的変化という特殊事情とが相まって致死の結果が生じた場合，Aが行為当時その特殊事情のあることを知っていたか，または予測しえたと認められない限り，その行為と結果との間の因果関係は否定される。

イ　自動車を運転していたBが，過失によって通行人Wと衝突し，Wを自動車の屋根にはねあげたまま，それに気づかずに運転中，同乗者CがWを引きずり降ろし，道路上に転落させたところ，Wが死亡するに至った場合に，その死因となった頭部の負傷が，自動車との衝突の際に生じたものか，路上に転落した際に生じたものか確定しがたいときでも，Bの過失行為からWの死の結果が発生することは一般人ならば経験上当然予想しうるところであるから，その間に因果関係を認めることができる。

ウ　Dの暴行によってXの死因となった傷害が形成された場合でも，その後第三者により加えられた暴行によって死期が早められたのであれば，Dの暴行とXの死亡との間の因果関係を肯定することはできない。

エ　医師の資格を有しない柔道整復師であるEが，風邪の症状を訴えた患者Yに対して，それ自体がYの病状を悪化させ，ひいては死亡の結果を引き起こしかねない誤った治療法を繰り返し指示し，これに忠実に従ったYが，病状を悪化させて死亡するに至ったとしても，Yに医師の治療を受けずにEの指示に従った落度があるから，Eの行為とYの死亡との間には因果関係が認められない。

オ　殺意をもって麻縄で首を絞めると，Zが身動きをしなくなったので，死亡したものと誤認したFが，Zを海岸の砂上に放置したところ，ZがFにより首を絞められたことと自ら砂末を吸いこんだことにより死亡したときは，Fが首を絞めた行為とZの死亡との間には因果関係が認められる。

1 1個

2 2個

3 3個

4 4個

5 5個

（裁Ⅱ平18）

解説

ア　適当でない。因果関係の存否の判断基準について，判例は基本的には条件説を採るが，相当因果関係説に傾斜するものもあり（最決昭42.10.24，米兵ひき逃げ事件），立場は明確ではない。相当因果関係説は，客観説，主観説，折衷説に分かれる。もっとも，本肢のように，行為時に特殊な事情が存在する類型においては，判例は一貫して，行為時に一般人の気づきがたい特殊な事情が存在しても因果関係を肯定して結果を帰責させている。

イ　適当でない。本肢と同様の事案において，判例は，「同乗者が進行中の自動車の屋根かの上から被害者をさかさまに引きずり降ろし，アスファルト舗装道路上に転落させるというがごときことは，経験上，普通，予想しえられるところではな」いとして，このような場合に被告人の過失行為と被害者の死の結果との間の因果関係を否定した（最決昭42.10.24，米兵ひき逃げ事件）。

ウ　適当でない。本肢と同様の事案において，判例は，「犯人の暴行により被害者の死因となった傷害が形成された場合には，仮にその後第三者により加えられた暴行によって死期が早められたとしても，犯人の暴行と被害者の死亡との間の因果関係を肯定することができ」るとしている（最決平2.11.20，大阪南港事件）。

エ　適当でない。本肢と同様の事案において，判例は，被害者側に落ち度があったとしても，指示と死亡との間に因果関係を認めた（最決昭63.5.11）。

オ　適当である。本肢と同様の事例において，判例は，殺害目的の行為がなければ放置行為もなかったのであって，首を絞める行為と死亡との間に因果関係があるとした（大判大12.4.30）。なお，本肢のように行為者が第一の行為で結果を発生させたと思いこみ，第2の行為により初めて結果が生じた場合を，ウェーバーの概括的故意の事案という。

以上より，適当な記述はオの1個のみなので，正解は**1**となる。

解答　**1**

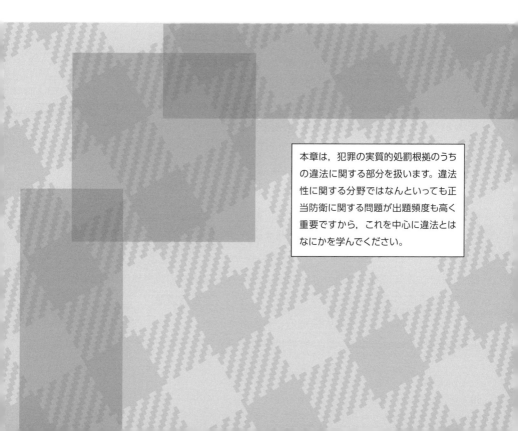

第3章

違法性論

本章は，犯罪の実質的処罰根拠のうちの違法に関する部分を扱います。違法性に関する分野ではなんといっても正当防衛に関する問題が出題頻度も高く重要ですから，これを中心に違法とはなにかを学んでください。

重要度
★☆☆

1 違法性総論

違法性は学問的には非常に難しい分野ですが、公務員試験の観点からは正当防衛を中心に基本的理解ができていれば足ります。その前提として、ここでは違法とは何かを大きくつかんでください。

1. 違法性の意義と本質

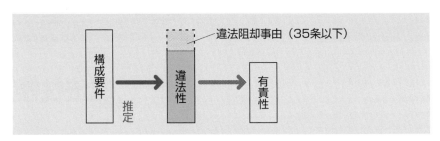

[図1　違法性の意義と本質]

犯罪論体系の箇所で述べたとおり、違法性は犯罪成立の第二の要件である。また、違法性は、犯罪の実質的処罰根拠でもある。しかし、違法性に関して刑法は違法性を阻却する例外的場合のみを規定し（35条以下）、積極的な規定をおかない。これは、**構成要件の違法推定機能**により、構成要件に該当する行為には違法性が推定されるので、違法性の段階では違法性が欠ける例外的場合のみを判断すれば足りるからである。

ところで、違法性が消極的に例外事情だけを判断すれば足りるからといって、違法性の本質を確定しておかなければ、各論点の理解ができない。

そこで、**違法性の本質をどうとらえるか**が問題となる。

まず、違法とは文字どおりには法に違反することであるが（形式的違法）、これだけでは無内容である。犯罪の実質的処罰根拠の本質を検討する以上、実質的な違法の本質が問題とされねばならない（**実質的違法**）。

この点について、規範の構造のとらえ方と関連して、主観的違法性論、客観的違法性論の対立があった。前者は、規範は人に一定の行為を命令・禁止して

おり，その名宛人としての人がその意味を理解したうえで，規範に反する行為をおこなうことが違法なのだと考える。これに対し後者は，規範は一定の事象に対して客観的な評価を与えるものでもあるから，規範の意味を理解できない者の行為でも違法となりうるととらえる。これを端的にいえば責任能力者の行為であって初めて違法となると考えるのか，責任無能力者の行為でも違法となりうるのかの争いである。この点については，責任と違法の峻別をつけるべきであるから，**客観的違法性論**が基本とされている。

　今日における違法の本質についての最大の問題は，結果無価値論と行為無価値論の対立である。

　結果無価値論は，**法益侵害ないしその危険**という結果の無価値性を違法の本質とする立場であり，**行為無価値論**とは，行為者の行為が**社会的相当性を逸脱**するという行為の無価値性を違法の本質とする立場である。

結果無価値　　　　行為無価値

[図2　結果無価値論と行為無価値論の対立]

　両者の最大の対立点は，違法判断において行為者の主観を判断対象とするかどうかである。**結果無価値論**は，違法は客観的にという命題を徹底し，違法判断の対象は**客観的なものに限定**する傾向にある。これに対して，**行為無価値論**は，違法は客観的にとは判断基準の客観性をいい，判断対象に**行為者の主観を広く含める**。この点に代表されるように，いずれを基本とするかで，個々の論点に大きな影響が出るが，公務員試験の観点では判例が基本的には行為無価値的に考えていることを押さえておけばよい。

　以下，特にことわりのないかぎり行為無価値的な観点から説明する。

<表 1 結果無価値論と行為無価値論>

	結果無価値論	行為無価値（二元）論
根 拠	刑法の任務を**法益保護**と解する	刑法の任務を（**法益保護**とともに）**社会倫理**の保護と解する
違法性の実質	**法益侵害及びその危険**の惹起	**法益侵害及びその危険**の惹起 ＋ **行為の反規範性**
違法性阻却の基準	法益衡量・優越的利益説（保護法益が不存在または，法益が衝突した場合は，より優越する法益が保護されれば，違法性を阻却する） 〈具体例〉 ヤクザの指詰めは，当該被害者の同意があるから（自己決定の利益が身体の安全という法益に優越するから），違法性を阻却すると考えられる	社会的相当説（法益侵害行為でも，社会的に相当な行為といえれば，違法性を阻却する） 〈具体例〉 たとえ被害者が同意していたとしても，ヤクザの指詰めは社会的に相当な行為とはいえず（社会倫理に反する），違法性を阻却しないと考えられる
批 判	自動車の運転など，法益侵害の危険性があるが社会的に有用な行為まで，禁じることになりかねない	行為の無価値を考慮することは，刑法の倫理化につながる

2. 違法阻却事由

　前述のように，違法性について，刑法は違法阻却事由という形で消極的に規定するにとどまる。

　違法阻却事由は，35条・36条・37条に規定されている。その他，条文上明記されていないが，解釈上違法阻却が問題となるものとして，被害者の承諾，可罰的違法性，自救行為などがある（超法規的違法性阻却事由）。これをまとめると次のようになる。

<pre>
┌刑法上の違法阻却事由─┬─正当行為（35 条）
│   └─緊急行為─┬─正当防衛（36 条 1 項）
│   └─緊急避難（37 条 1 項本文）
│   ┌─被害者の承諾
└解釈上の違法阻却事由─┼─可罰的違法性
                     └─自救行為
</pre>

　刑法上の違法阻却事由については，正当行為（35 条）と緊急行為（36 条，37 条）に分けられる。緊急行為については節を改めて説明する。

　ここでは，緊急行為以外の正当行為，被害者の承諾，可罰的違法性などについて簡単に検討する。

3.　正当行為

　正当行為については，過去問の出題はほとんどないので簡単にまとめておく。

　35 条は，**「法令又は正当な業務による行為は，罰しない」**と規定するが，この規定は違法阻却の一般規定としての意味をもつ。通説・判例においては，**社会的相当性の範囲内の行為であるから違法性が阻却**されるものと理解されている。したがって，条文の文言でいう「正当」こそが重要であり，「法令」「業務」は単なる例示として理解される。

　以下，具体的に正当行為とされるものをあげる。

【正当行為】
①職務行為（公務員の職務として法定された行為）
　・死刑の執行
　・被疑者の逮捕など
②権利行為（憲法，法律などで認められた権利の行使としてなされる行為）
　・親権者の子に対する懲戒
　・教員の懲戒など

③法令行為（法令で認められた行為）
　・競輪，競馬など
④労働争議（労働基本権の行使による行為）
　・ピケッティングなど
⑤業務行為（社会的に認められた業務としての行為）
　・医療行為
　・ボクシング等のスポーツなど
　・取材行為（西山記者事件）

4. その他

　35条を正当行為として広くとらえる立場では，35条の解釈として被害者の承諾ある行為や，可罰的違法性，自救行為などが違法阻却事由として主張される。

　また，35条を正当業務行為と狭く考える立場でも，解釈上超法規的違法阻却事由としてこれらが主張される。

　そこで，簡単にその内容，問題点をまとめておく。

（1）被害者の承諾

　傷害罪等において，侵害される被害者自身の承諾は，違法阻却事由として主張される。

　被害者自身が法益を放棄している以上，違法性が欠けると考えられるからである。

　ただ，結果無価値的に考えれば承諾だけで違法性が阻却されるが，行為無価値的に考える場合には，承諾に基づく行為の**社会的相当性**が問題とされねばならない。この点について判例は，行為無価値的に考え，**傷害罪の成否について被害者が自動車でひかれることを承諾したとしても，その承諾を得た動機，目的，身体傷害の方法，損傷の部位，程度など諸般の事情に照らして決すべきものとして，保険金詐取目的での承諾は違法性を阻却しない**ものとしている（最

決昭 55.11.13)。

　また，**錯誤に基づく承諾**や，**強迫に基づく承諾は，被害者の真意からでたも**のとはいえないので無効である（最大判昭 24.7.22，最判昭 25.10.11）。

　なお，被害者の承諾は，**傷害罪**の場合のように違法阻却事由として影響する場合のほか，犯罪によっては構成要件該当性を阻却する場合，構成要件が変わる場合，まったく無影響な場合もある。

【被害者の承諾による影響】
①構成要件該当性を阻却する場合
　窃盗罪，横領罪，器物損壊罪，住居侵入罪など
②構成要件が変わる場合
　殺人罪→承諾殺人罪，現住建造物等放火罪→非現住建造物等放火罪で
　自己物扱いなど
③違法性が阻却される場合
　傷害罪
④無影響な場合
　虚偽告訴等の罪，13 歳未満の女子に対する強制性交等罪，13 歳未満の
　男女に対する強制わいせつ罪，未成年者誘拐罪
　＊特殊なものとして，交通違反切符の供述書欄に他人の同意の下に他
　　人名義で署名した場合，本来同意がある以上私文書偽造罪は構成要
　　件該当性を失うはずだが，判例は，交通違反切符のように特に自署
　　性の強く要求される文書については同意があっても私文書偽造罪と
　　なるとする（最決昭 56.4.16）。

（2）可罰的違法性

　形式的に構成要件にあたる行為は違法性が推定されるが，侵害される法益があまりにも軽微で処罰するのは不適当な場合がある。このような場合には，違法性の段階で処罰に値する程度の違法がないから犯罪を不成立とするのが望ましい。これが可罰的違法性の問題である。

　判例にも可罰的違法性を認めたものがある（「一厘事件」大判明 43.10.11）。

（3）自救行為

　自救行為とは，過去の侵害に対して国家の助力を得る暇のない緊急時に自力救済をすることである。判例上これによる違法阻却を認めたものはないが，学説上，緊急行為の一環として正当防衛や緊急避難に準じて扱うことを承認するものが多い。

ポイント整理

1 違法性は，犯罪成立要件であると同時に犯罪の実質的処罰根拠である。

2 違法の本質とは行為の社会的相当性からの逸脱と考えるのが，行為無価値論である。

3 35条は，違法阻却の一般規定として，広く社会的相当性内の行為を適法化する。

4 被害者の承諾は違法阻却事由としてはたらくこともある。

5 被害者の承諾に基づく行為も社会的相当性の範囲内でのみ正当化される。

6 錯誤・脅迫に基づく承諾は無効である。

Exercise

問題①　次のＡ～Ｄは，被害者の真摯な承諾がある事例であり，ア～エは，被害者の承諾の刑法上の効果に関する記述である。Ａ～Ｄのうち，犯罪の成否に関する結論が適当なもの（争いがあるときは，判例の見解による。）と，その事例における被害者の承諾の刑法上の効果とがすべて適当に組み合わされているのはどれか。

［事　例］

A　甲は，乙から殺してくれと頼まれたので，乙を射殺した。この場合，甲に嘱託殺人罪が成立する。

B　甲は，乙から，保険金を詐取したいので後ろから自動車を追突させて怪我を負わせて欲しいと頼まれたので，乙の要求どおりに乙運転の自動車に甲が運転する自動車を追突させて，乙に怪我を負わせた。この場合，甲に傷害罪は成立しない。

C　甲は，乙から「俺がいないときでも勝手に俺の家に上がっていいよ」と言われていたので，ある日，乙が不在のときに，乙の家に入り込んだ。この場合，甲に住居侵入罪は成立しない。

D　甲は，乙が12歳であることを知っていたが，乙が承諾したので，乙と性交した。この場合，甲に強制性交等罪が成立する。

［刑法上の効果］

ア　承諾が構成要件上何らの意味をももたない。

イ　承諾が構成要件要素となって法定刑が減軽されている。

ウ　承諾のないことが明示又は暗黙裡に構成要件要素とされ，したがって，承諾があれば構成要件該当性がない。

エ　承諾によって行為の違法性が阻却される。

1　A－ア，B－ウ

2　A－イ，C－ウ

3　A－イ，C－イ

4　B－エ，D－ア

5　C－エ，D－イ

（裁Ⅱ平18）

解説

A　イと結びつく。嘱託殺人罪（202条）は，嘱託を受けて（頼まれて）殺したことが構成要件要素となって，法定刑が殺人罪（199条）より軽減されている。

B　エと結びつく。甲の行為は傷害罪の構成要件に該当するが，乙の承諾があるので行為の違法性が阻却され，傷害罪は成立しない（被害者の承諾）。もっとも，被害者の承諾が常に行為の違法性を阻却するかは争いがある。常に違法性を阻却するという見解もあるが，判例は，保険金詐取等の違法目的に基づいた被害者の承諾は違法であり，行為の違法性を阻却しないとする（最決昭55.11.13）。

C　ウと結びつく。住居侵入罪（130条）の構成要件要素である「侵入」とは，住居等の管理権者の意思に反して立ち入ることであるから（最判昭58.4.8），同意のある立入りであれば管理権者の意思に反しないので「侵入」に当たらず，住居侵入罪の構成要件にそもそも該当しないことになる。

D　アと結びつく。強制性交等罪（177条）は，13歳以上の者に対し，暴行又は脅迫を用いて性交等をした場合，又は13歳未満の者に対し性交等をした場合に成立する。すなわち，13歳未満の者と性交等を行った場合は，承諾の有無に関係なく，強制性交等罪が成立することになる。

以上より，すべて適当に組み合わされている**2**が正解となる。

解答　**2**

2 緊急行為

法益の保護は本来，国家の権限であり個人が自主的に解決することは許されません（自力救済禁止の原則）が，国家の助力を得られない緊急時には，個人によって法益保護を図る必要があります。本節では，緊急事態における個人の行為について理解しましょう。

1. 緊急行為

（1）総　論

　法治国家の下では，違法な侵害行為を個人が自ら実力で排除したりすることは原則として禁止されている（**自力救済禁止の原則**）。

　しかし，国家の助力を待っていたのでは間に合わない緊急時にまで，かかる原則を要求したのでは，被害者は侵害を甘受しろというようなもので，被害を防止し法益保護を図る刑法の建前に抵触する（「法の自殺」「法による法の否定」）。

　そこで，緊急時における権利利益保護を全うさせるために，**正当防衛**や**緊急避難**にあたる場合には個人に権利利益保護の役割を果たすことを認め，そのためになされた行為には違法評価を差し控えることとした。これが緊急行為である。

　緊急行為の違法阻却の根拠については違法性の本質論に関連して諸説あるが，ここでは法による法の否定という結果を防止するためになされる緊急行為は社会的相当性のある行為だから違法性が阻却されるものと考えておく。法による法の否定という法秩序内での矛盾を回避することは，法秩序一般の予定しているところだからである。

（2）正当防衛と緊急避難

　正当防衛は，いま，まさに自己または他人の法益が侵害されそうになっている場面で，その侵害を生じさせている侵害者に対する**反撃行為の違法性**を阻却するという形で問題となる。緊急避難は，いま，まさに自己または他人の法益が侵害されそうになっている場面で，侵害者以外の第三者に対してなされる**避**

難行為の違法性を阻却するという形で問題となる。すなわち正当防衛の場合には，侵害者に対する反撃行為が問題とされているから，いわば，「不正」に対する「正」の関係ということができる。これに対して，緊急避難の場合には，侵害者以外の無関係な第三者に対する避難行為が問題とされているから，いわば，「正」に対する「正」の関係ということができる。

このような両者の違いから，後述するように，緊急避難のほうが要件が厳格に規定されている。

以上をまとめると次のようになる。

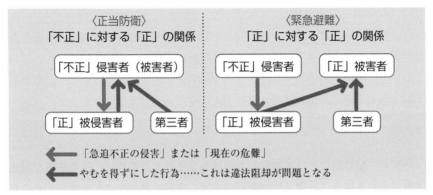

[図3　正当防衛と緊急避難の比較]

2. 正当防衛

(1) 総　論

正当防衛については，「急迫不正の侵害に対して，自己又は他人の権利を防衛するため，やむを得ずにした行為は，罰しない」（36条1項）と規定されている。

具体的には，AがBに殴りかかってきたため，BがAに反撃しケガをさせたという事例を考えてみよう。この場合正当防衛は，「Bの反撃行為は，傷害罪の構成要件に該当するが（正当防衛で）違法性が阻却され犯罪とならない」という形で作用するのである。

正当防衛については，この適用場面を理解することが必要である。そのうえ

で，実際に試験で問われている正当防衛の各要件について，判例の立場をしっかり身につけよう。

(2) 成立要件

〈表 2　正当防衛〉

急迫	侵害が現になされまたは目前に差し迫っている状態
不正の侵害	違法な侵害。作為・不作為を問わない
自己又は他人	他人には国なども含む
権利	広く法益一般を含む
防衛するため	判例は防衛の意思を必要とする
やむを得ずにした行為	防衛行為の必要性・相当性
罰しない	違法阻却

　正当防衛の効果はいうまでもなく違法阻却である。条文上はこのことを「罰しない」と規定している。**違法が阻却され，犯罪が不成立だから罰しないのである。**

　では，かかる違法阻却という効果が生じるためにはいかなる要件を充足すべきか。正当防衛の成立要件が問題となる。

　以下，各条文の文言ごとに検討する。

① 「急迫」

　「急迫」とは，**法益侵害が現になされているかまたは目前に差し迫っている状態をいう**（最判昭 24.8.18）。急迫性の有無については客観的に判断されるべきであるから，**単に侵害を予期していたにすぎなければ急迫性は失われない**（最判昭 46.11.16）が，**その機会を利用して積極的に加害しようという意思で侵害に臨んだ場合には急迫性は失われる**とするのが判例である（最決昭 52.7.21）。

　なお，急迫性が必要であるから，過去の侵害や将来の侵害に対する正当防衛は認められない。

また，互いに暴行しあういわゆるけんかは，闘争者双方が攻撃・防御を繰り返す一連の闘争行為であるから，ある瞬間においては正当防衛のような外観を呈する場面があったとしても，全体的にみて正当防衛の成立の余地がない場合がある（最大判昭23.7.7）。

② 「不正の」

「不正の」とは，「違法な」という意味であり，**正当防衛に対する正当防衛や，緊急避難に対する正当防衛はできない。**

古い判例では責任無能力者の行為は「不正」といえないとするものもあったが，現在では客観的に違法と評価される限り，「不正」となるとするのが通説である。

③ 「侵害に対して」

「侵害」とは，他人の権利に対して，実害またはその危険を与えることをいう。故意でも過失でもよく，作為でも不作為でもよい。

侵害は人の行為によるものを指し，動物や物から生じたもの（対物防衛という）は含まないとするのが通説である。

④ 「自己又は他人の権利を」

自分の身を守るだけでなく，**他人の身を守るための正当防衛も認められている**ことに注意してほしい。ここにいう「他人」には，国家や社会も含まれ，国家的法益や，社会的法益に対する正当防衛も例外的に判例は認めている（最判昭24.8.18）。

また，「権利」とあるが，特に限定はなく，広く法益一般を含むものと解されている。

⑤ 「防衛するため」

違法の本質をどうとらえるかとの関係で**防衛の意思**の要否が問題となるが，判例・通説は行為無価値的に考え，行為者の主観面を考慮するから，これを必要とする。なおその内容については，緊急時に厳密な防衛の目的・意図を要求することはできないから，**正当防衛状況を認識しこれに対応する単純な心理状態で足り，逆上して反撃を加えた場合や，同時に加害意思を抱いている場合でも防衛の意思は認められる**とするのが判例である（最判昭46.11.16，最判昭50.11.28）。防衛の意思が必要とされることから**偶然防衛**は違法となる。

〈表３　防衛の意思の要否〉

	防衛の意思必要説	防衛の意思不要説
根拠	（行為無価値論から） 違法性判断には，結果無価値のみならず，行為無価値も考慮すべきである。 行為無価値の立場からは，主観的正当化要素を要求すべき。 （結果無価値論から） 防衛意思のない者の利益は，法的保護に値しないものであり，偶然防衛は「正対不正」の状態とはいえない。	（結果無価値論から） 違法性は，客観的事情によって構成されるべきであり，行為者の主観を考慮すべきではない。 違法性が阻却されるかどうかは，専ら結果無価値があったかどうかから決するべきである。
帰結	防衛の意思を欠く偶然防衛は，正当防衛とは認められず，違法性を阻却しない。	防衛の意思を欠く偶然防衛でも，正当防衛といえ，違法性を阻却する。

違法性論

⑥ 「やむを得ずにした行為」

　正当防衛は不正の侵害をした者に対しておこなわれるものであるから，他に取りうる方法があったかどうかは問わない。また，厳密な法益の均衡までは不要である。「やむを得ず」とは，**防衛行為が客観的に必要かつ相当のものであること**を意味する（大判昭 2.12.20）。したがって，たまたま生じた結果が大きかったとしても正当防衛となる余地がある（最判昭 44.12.4）。

　これを欠くと過剰防衛として刑の減免しか受けられない（36 条 2 項）。

　なお，過剰防衛には過剰性の認識が必要である（次章「錯誤」参照）。

[判例] 武器を使用した防衛行為　　　　　　　　　　　　　（最判平元.11.13）

〈事案〉

　　年齢が若く，体力も優れたＢが「殴られたいのか」と言いながら，手拳を
　突き出し，足で蹴り上げる動作をしながら近づいてきたので，Ａが菜切包丁
　を構えて「切られたいんか」と申し向けた。

〈判旨〉

　　Ａは「Ｂからの危害を避けるための防御的な行動に終始していたものであ
　るから，その行為をもって防衛手段としての相当性の範囲を超えたものとい
　うことはできない」

[判例] 財産権を防衛するために暴行を加えた場合　　　　　（最判平21.7.16）

〈事案〉

　　Ａ（75歳，身長149cm）は，自己の住宅兼事務所の壁面に立入禁止の看板
　をＢ（48歳，身長175cm）が設置しようとするのを阻止するため，Ｂに暴行
　を加え，これを転倒させた。

〈判旨〉

　　「本件暴行は，Ａらの財産的権利を防衛するためにＢの身体の安全を侵害し
　たものであることを考慮しても，いまだＢらによる上記侵害に対する防衛手
　段としての相当性の範囲を超えたものということはできない」としてＡに正
　当防衛を認めた。
---

⑦　「罰しない」

　正当防衛の効果である。違法性を阻却することを意味する。

3.　緊急避難

（1）総　論

　緊急避難は，現在法益侵害がなされ，またはなされようとしている状況下
で，自己または他人の法益侵害を避けるために，侵害者以外の第三者になした
避難行為の違法性を阻却するものである。37条1項本文は，「自己又は他人の
生命，身体，自由又は財産に対する現在の危難を避けるため，やむを得ずにし

た行為は，これによって生じた害が避けようとした害の程度を超えなかった場合に限り，罰しない」と規定する。

　具体的には，AがBを殴ろうとしてきたので，BはCの家に無断で逃げ込んだという事例では，「BのC宅への侵入行為は，住居侵入罪の構成要件に該当するが，（緊急避難にあたるので）違法性が阻却され犯罪は成立しない」という形で作用する。

　正当防衛の場合同様に，この適用場面をしっかり覚えてほしい。

〈表4　緊急避難の法的性質〉

	違法性阻却事由説（通説）	責任阻却事由説
根拠	37条1項は他人のためにする緊急避難も認めている。 法益の均衡が明文で要件とされていることなどを根拠とする。 ↓ 緊急避難行為に対する正当防衛は否定される。	第三者の「正」の法益を侵害する行為は正当とはいえないが，行為者には避難行為に出ない期待可能性がないので，責任が阻却される。 ↓ 緊急避難行為に対する正当防衛が可能となる。

（2）成立要件

〈表5　緊急避難〉

自己又は他人	他人には国も含む
生命，身体，自由又は財産	単なる列挙であり広く法益一般を含む
現在	急迫性と同じく侵害が現になされ，または目前に差し迫っている状態
危難	法益侵害の危険を含んだ侵害状態
避けるため	判例は避難の意思を必要とする
やむを得ずにした行為	補充性
これによって生じた害が… …超えなかった場合に限り，	法益の均衡
罰しない	争いがあるが，違法阻却と考えるのが判例・通説

違法性論

緊急避難も，「罰しない」（37 条 1 項本文）とされているが，前述のように緊急避難は無関係の第三者に対する避難行為を問題とするので，その第三者との関係で違法阻却を認めることが妥当か争いがある。実際に，責任阻却と考えるべきとの立場もあるが，判例・通説は違法阻却事由と解している。

　そこで，「罰しない」とは，**違法阻却ゆえに犯罪不成立であることを意味す**るが，いかなる場合に違法阻却が認められるか，緊急避難の成立要件が問題となる。

　以下検討するが，正当防衛と異なり，緊急避難についての出題はそれほど多くないので，緊急避難については，正当防衛との対比という形で理解しておけば十分である。

① **「現在の」**

　正当防衛の急迫性と同様，**法益侵害が現になされまたは目前に差し迫っている状態**と解されている。

② **「危難」**

　違法なものでなくともよいし，自然力でもかまわない。

　結局，いま現在，自己または第三者の身に侵害の危険が生じていればよい。

③ **「自己又は他人の生命，身体，自由又は財産に対する」**

　正当防衛の場合と同じく，広く法益一般を含む。事細かに列挙されているが，単なる例示にすぎないとするのが判例・通説である。貞操なども含まれる。また，「他人」には国家や社会も含む。

④ **「避けるため」**

　避難の意思を必要とする。避難の意思については，防衛の意思に準じて考えればよい。

⑤ **「やむを得ずにした行為」**

　正当防衛と異なり，侵害者以外の第三者（全然悪くない人）に対して避難行為をする場合であるから，**当該行為をするよりほかに方法がなく，そのような行為にでたことを条理上肯定しうること（補充性）**が要求される（最判昭24.5.18）。これを欠けば，過剰避難として刑の減免しか受けられない（37 条 1 項但書）。

⑥ 「**これによって生じた害が避けようとした害の程度を超えなかった場合に限り**」

補充性と同様の趣旨から，**厳格な法益の均衡**が要求される。

これを欠けば，**過剰避難**として刑の減免しか受けられない（37 条 1 項但書）。

⑦ 「**罰しない**」

緊急避難の効果である。この点については責任阻却とする立場も有力であるし，部分的に責任阻却とする立場もあるが，判例・通説によれば**違法性を阻却**するものと解されている。

▧▧▧ ポイント整理 ▧▧▧▧▧▧▧▧▧▧▧▧▧▧▧▧▧▧▧▧▧

1 正当防衛・緊急避難は違法性を阻却する。

2 正当防衛・緊急避難は法益侵害が現になされ，または目前に差し迫った状況で問題となる。

3 「不正」の侵害は作為でも不作為でもよく，責任無能力者の行為でもよい。

4 他人の権利を守るための正当防衛も認められる。

5 予め侵害を予期していただけではなく，その機会に積極的に加害する意図まであった場合には正当防衛は認められない。

6 逆上した場合や同時に多少の加害意思があった場合でも，防衛の意思は失われない。

7 防衛行為は，必要性・相当性が要求される。

8 避難行為は，補充性，厳格な法益均衡が要求される。

Exercise

問題①　正当防衛に関する判例として妥当なのはどれか。

1 急迫不正の侵害に対する反撃行為は，自己又は他人の権利を防衛する手段として必要最小限のものであることを要し，反撃行為から生じた結果が侵害されようとした法益よりも大きい場合には正当防衛とはいえない。

2 正当防衛は，自己又は他人の法益を守るために行わなければならないものであり，防衛の意思と攻撃の意思が併存している行為のように，多少でも加害の意図があった場合には成立する余地はない。

3 国家的・公共的利益の保全防衛は，国家又は公共団体の公的機関の本来の任務に属する事柄であって，これを自由に私人又は私的団体の行動にゆだねることは，かえって秩序を乱す危険があるため，国家公共の機関の有効な公的活動を期待し得ない極めて緊迫した場合以外は認められない。

4 加害行為に対して逆上して反撃を加えて傷害を負わせた場合は，冷静な判断能力を失っており，自己の行為が防衛行為に向けられていることの認識があったとは認められないため，防衛の意思を欠き，正当防衛は認められない。

5 加害行為に対して反撃を加え傷害を負わせた場合に，当然又はほとんど確実に加害行為が予期されていたときや，予期された加害行為の機会を利用し積極的に加害行為する意思で侵害に臨んでいたときには，侵害の急迫性を欠き，正当防衛は成立する余地はない。　　　　　　　　　　　　　　（労基平 15）

・・

解説

1 誤。判例は，「刑法 36 条 1 項にいう『已むことを得ざるに出でたる行為』とは，自己または他人の権利を防衛する手段として必要最小限度の行為であり，その反撃行為により生じた結果がたまたま侵害されようとした法益より大であっても，その反撃行為が正当防衛行為でなくなるものではない」としている（最判昭 44.12.4）。

2 誤。判例は，急迫不正の侵害に対し自己又は他人の権利を防衛するためにした行為である限り，同時に侵害者に対する攻撃的な意思に出たものであっても防衛行為となり，正当防衛（36 条）が成立するとしている（最判昭 50.11.28）。すなわち，加害の意図があっても，正当防衛が成立する余地はある。

3 妥当な記述である。正当防衛は「自己又は他人の権利を防衛するため」に認められるところ，国家的・公共的法益のための正当防衛が可能か，が問題となる。この点，判例は「国家公共の機関の有効な公的活動を期待しえない極めて

緊迫した場合においてのみ例外的に許容されるべきもの」としている（最判昭24.8.18）。

4 誤。判例は，「相手の加害行為に対して憤激又は逆上して反撃を加えたからといって，ただちに防衛の意思を欠くものと解すべきではない」とし，防衛の意思が肯定される場合があることを認めている（最判昭46.11.26）。したがって，防衛の意思を当然に欠くとはいえない。

5 誤。判例は，侵害を予期していたとしても侵害の急迫性は直ちに失われるわけではないが，その機会を利用して積極的に相手に対して加害行為をする意思（積極的加害意思）で侵害に臨んだときは侵害の急迫性を充たさないとしている。したがって，本肢の前半の行為には正当防衛が成立する余地はあるので誤りである（最判昭46.11.26）。

解答　❸

問題②　正当防衛及び緊急避難に関するア～エの記述のうち，判例に照らし，妥当なもののみをすべて挙げているのはどれか。

ア　侵害を予期していたとしても直ちに侵害の急迫性が失われるものではないが，予期された侵害の機会を利用し積極的に相手に対して加害行為をする意思で侵害に臨んだときは，急迫性の要件を満たさず，正当防衛に当たらない。

イ　正当防衛は防衛の意思をもってなされることが必要であり，侵害者に積極的に攻撃を加える場合や，防衛の意思と攻撃の意思とが並存する場合は，もはや防衛の意思が存するとは認めることができず，正当防衛は認められない。

ウ　自己より年齢も若く体力的にも勝った相手が素手で殴る動作をしたのに対し包丁を持って防御的な行動をとることは，相手方に対して自己に生じ得る侵害よりはるかに大きな侵害を与える可能性があり，防衛手段としての相当性の範囲を明らかに超えているため，正当防衛としては認められない。

エ　緊急避難は他人の正当な利益を侵害して自分の利益を保つものであるため，現在の危難が行為者の不注意等その者の有責行為により自ら招いたものであり社会通念に照らしやむを得ないものとしてその避難行為を是認しえない場合には，緊急避難は認められない。

１　イ

２　エ

3 ア，ウ

4 ア，エ

5 イ，ウ

解説

ア　妥当な記述である。判例は，「単に予期された侵害を避けなかったというにとどまらず，その機会を利用し積極的に相手に対して加害行為をする意思で侵害に臨んだときは，もはや急迫性の要件を満たさないと解すべきである」（最決昭52.7.21）としている。よって，本件の場合，正当防衛にあたらない。

イ　誤。判例は，「防衛に名を借りて侵害者に対し積極的に攻撃を加える行為は，防衛の意思を欠く結果，正当防衛とは認められないが，防衛の意思と攻撃の意思とが併存している場合の行為は，防衛の意思を欠くものではない」（最判昭50.11.28）としている。よって，誤っている。

ウ　誤。判例は，年齢も若く体力も優れた相手方が手拳をつきだして足を蹴り上げる動作を示したのに対し，包丁を手に取って腰に構え防御的な行動をとった行為について，「その行動が防御的なものに終始していた場合には，防衛手段としての相当性の範囲を超えるものではない」（最判平元.11.13）とした。よって，誤っている。

エ　妥当な記述である。判例は，「現在の危難が行為者の有責行為により自ら招いたものであり，社会通念に照らしやむことを得ないものとしてその避難行為を是認し得ない場合は，本条の適用はない」としている。（大判大13.12.12）。

以上より，妥当なものはアとエであり，妥当なもののみをすべて挙げているのは，**4**である。

解答　**4**

問題③　正当防衛及び緊急避難に関するア～エの記述のうち，判例に照らし，妥当なもののみをすべて挙げているのはどれか。

ア　相手の加害行為に対して，憤激して相手に発砲することにより反撃した場合，急迫不正の侵害に対し自己又は他人の権利を防衛するためにした行為であっても，その行為が同時に侵害者に対する攻撃的な意思に出たものである場合において，防衛の意思と攻撃の意思が併存しており，正当防衛のためだけにした行為とはいえないことから，正当防衛の観点を入れる余地は認められない。

イ　男性から女性が暴行されているものと空手有段者が誤信し，女性を助けるために両者の間に割って入ったところ，男性がボクシングのファイティングポーズをとったため攻撃されると誤信し，当該男性に対して空手技である回し蹴りを行いこれを死亡させた場合において，急迫不正の侵害に対する防衛手段として相当性を逸脱しているものとはいえないため，正当防衛が認められ罰せられない。

ウ　自動車運転手が荷車とすれ違う際に必要な注意を怠り，荷車の背後から突然飛び出してきた少年を避けるため同人の祖母に衝突した場合において，危難は，それが本人の過失によって生じたか否かにかかわらず現実に生じたという事実があれば足りるものであるので，その危難を避けようとして行った行為は緊急避難と認められる。

エ　橋が腐朽して車馬の通行に危険が生じたため，ダイナマイトにより橋を破壊した場合において，仮に橋が切迫した危険な状態にあったとしても，その危険を防止するために他に講ずる手段がないことはなく，ダイナマイトを使用して橋を爆破しなければ危険を防止し得ないとは認められないので，緊急避難は成立しない。

1　ア
2　ウ
3　エ
4　ア，イ
5　ウ，エ

（労基平21）

解説

ア　誤。判例は，「防衛の意思と攻撃の意思とが併存している場合の行為は，防衛の意思を欠くものではないので，これを正当防衛のための行為と評価することができる」（最判昭 50.11.28）として，正当防衛の観点を入れる余地を認めている。

イ　誤。判例は，本肢と同様の事案について，「本件回し蹴りは，……急迫不正の侵害に対する防衛手段として相当性を逸脱していることが明らかである」として，正当防衛は成立しないと判断した（最決昭 62.3.26，騎士道事件）。

ウ　誤。判例は，本肢と同様の事案について，自らの有責行為により危難を招いたものであり，社会通念に照らして避難行為に出ることがやむを得ないとはいえないとして，緊急避難は成立しないと判断した（大判大 13.12.12）。

エ　妥当な記述である。判例は，本肢と同様の事案について，「切迫した危険な状態にあったとしても，その危険を防止するためには，通行制限の強化その他適当な手段，方法を講ずる余地のないことはなく，本件におけるようにダイナマイトを使用してこれを爆破しなければ右危険を防止しえないものであったとは到底認められない」（最判昭 35.2.4）として，緊急避難は成立しないと判断した。

以上より，妥当なものはエのみであり，正解は**3**となる。

解答　3

第4章

責任論

本章では犯罪の第三の成立要件である責任について学習します。責任論では錯誤論が最も出題頻度が高く重要ですが，故意・過失，責任能力などもひと通り理解しておくべきでしょう。

責任論総論

本節では，責任の意義・本質を大きくつかみ，責任要素にはどのようなものがあるのか，それぞれの問題点はなにかを理解しましょう。

1. 責任の意義と本質

（1）責任主義

責任なければ刑罰なし。この標語で表される**責任主義**は近代刑法の大原則である。

この責任主義の内容には，厳密には2つの意味がある。1つは**自己責任の原則**，もう1つは**過失責任の原則**である。前者は，生じた結果を行為者の「しわざ」ということができるかどうかということが観点となり，もっぱら因果関係論や共犯論で問題とされる。これに対し後者は，故意・過失という落ち度がなければ，刑罰という害悪をもって行為者を非難することができないということが観点となり，責任論でいう責任主義はこの意味である。

以下，本章では，責任主義を，過失責任の原則の意味で用いる。

行為者に落ち度がなければ刑罰を科しえないという責任主義の要請から，刑罰という効果が発生するためには行為者になんらかの落ち度が必要となる。それゆえ，責任が犯罪成立要件とされるのだが，なぜ落ち度がなければならないのか。

この点については，行動の自由の保障のためといわれている。すなわち，個人の自由を最大限保障するためには，その個人の行為から結果が発生したことのみならず，その個人に刑罰を科されても仕方のない事情の存する場合でなければ処罰できない。そうでなければ，個人は処罰を恐れるあまり，行動が萎縮する危険があるからである。この刑罰を科されても仕方のない事情（**非難可能性**）が，行為者に落ち度のあることであり，犯罪成立要件としての責任ということになる。

（2）責任の意義と本質

　責任とは，前述のように行為者に対する処罰の前提として要求される非難可能性を判断する要件であり，その本質は**行為者に対して加えられる法的観点からの非難**にある。

　旧派刑法学では，犯罪は，行為者の自由意思の所産であり，刑罰は，その自由意思に基づく犯罪に対する応報として理解される。したがって，刑罰権発動の前提としての責任は非難と理解されるのである。

　伝統的には，道徳的観点からの非難（道義的非難）と考えられていたが，現在では法的観点からの非難（規範的非難）としてとらえられている。国家刑罰権の発動という法的効果が発生する以上，単なる道徳的非難では足りないのである。

　このように，規範的非難を責任の本質としてとらえる立場を，規範的責任論という。

　規範的責任論に立った場合，責任の要素は以下のようになる。

　　┌責任能力
　　├故意・過失
　　└期待可能性

　以下，次節以降で検討する故意・過失を除いて，順に具体的問題を検討する。

①　責任能力

　1）一般論

　　刑法 39 条から 41 条までの規定が責任能力に関するものである。

　　具体的には，**心神喪失者**（39 条 1 項），**心神耗弱者**（39 条 2 項），**刑事未成年者**（41 条）が責任無能力ないし限定責任能力者として規定されている。

　　しかし，これらの規定のみでは責任能力の内容は明らかとはいえず，その内容が問題になる。

　　この点，責任の本質を非難と考える以上，非難に値するか否かという観点から内容を把握すべきである。私たちが人を非難する場合に，その前

提におかれているのは「〜できたにもかかわらず，〜しなかった」ということであろう。とすれば，責任能力は，自分の行為の結果が理解でき，その理解を前提に適切な行動をしうる能力と考えられるべきである。すなわち，**責任能力とは，事理弁識能力および行動制御能力**をいうものと理解されている。

刑法上の責任無能力者である心神喪失者はこれらの能力の双方または一方を欠くものである。そして，限定責任能力者である心神耗弱者は，これらの能力の双方または一方が著しく減退しているものである。

なお，刑事未成年者が責任無能力とされているのは，これらの者の可塑性_{かそ}（やり直し可能性）・未成熟性によるものであって観点が異なる。

責任能力は，法律的な問題であるから，その有無の判断は裁判官が**法的観点**からなすものとされている（最決昭 58.9.13，最判平 20.4.25，最判平 21.12.8）。

2）原因において自由な行為

責任能力は自らの責任の下で行為する能力であり，犯罪行為時に要求される（行為責任同時存在の原則）。したがって，実行行為時に責任能力を欠くものや，責任能力が減退しているものには適切な行為が期待できない以上，完全な責任追及ができないのが原則である。

しかし，この原則を貫くとふだんは責任能力ある者が，わざわざ自己を心神喪失・耗弱状態に陥れて犯罪をおこなった場合には不都合を生じる。たとえば，ふだんから酒乱の癖のある行為者が酔っぱらって人を殴ってやろうという意思で飲酒し，泥酔した状態で人を殴ってケガをさせた場合である。

このような場合，心神喪失状態などを生じさせた原因行為時には責任能力があった以上，完全な責任追及を認めるべきであるが，問題はその理論構成である。判例の立場は明らかでないが，通説は，自己の心神喪失状態を利用して犯罪を実現する場合には，あたかも心神喪失状態の自己を道具として利用しているものと理解する。そして，原因設定行為に結果発生の直接的現実的危険を認め，原因設定行為を実行行為ととらえ，その時点に責任能力があればよいとする（**原因において自由な行為**）。

社会通念に照らして処罰すべきとの要請にこたえているのである。

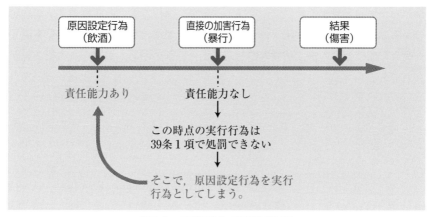

[図 1　責任能力の理論構成]

判例も，同様の事例で処罰を認めている（最大判昭 26.1.17，最決昭 43.2.27）。

②　期待可能性

期待可能性とは，正確には適法行為の期待可能性の意味である。これは，行為者の行為が構成要件に該当し，違法性もあり，責任能力や故意・過失も満たす場合でも，当該行為の具体的状況下では，犯罪をしてしまったことを非難できない場合に機能する。

たとえば，ドイツの判例であるが，手綱に尻尾をからませる危険な習性のある馬であることを知りながら，馬車を引かせていたところ，その馬が手綱に尻尾をからませたため通行人にケガをさせたという事件があった。この事件に関して，「御者が馬の習性を知っていたとしても，雇い主の命令に逆らえば解雇され，職とパンを失う状況下で，自分の首をかけてまでその馬の使用を拒否できたとはいえない」との判断が下された。

これは 19 世紀の古い判例であるが，わが国の最高裁判例では期待可能性の欠如に基づく責任阻却を認めたものはない。しかし，判例・通説は，これを超法規的責任阻却事由として承認している（最判昭 31.12.11）。

現行法上，過剰防衛・過剰避難が刑の減免を受けることが規定されているが，これは，緊急時に適切な行為を要求することは困難であるという期待可能性の減少を主たる理由とするものと理解されている。

責任論

なお，期待可能性の体系上の地位については争いがあるが，いずれも責任阻却という結論を導くことに違いはない。また，期待可能性の判断基準は法秩序の要請を基準とするか（国家標準説），行為者を標準とするか（行為者標準説），一般人を標準とするか（一般人標準説）という争いがあるが，一般人標準説が有力である。

▧▧▧ ポイント整理 ▧▧▧▧▧▧▧▧▧▧▧▧▧▧▧▧▧▧▧▧▧▧▧

1 責任主義とは，責任なければ刑罰なしという近代刑法の大原則である。

2 責任の本質は法的非難である。

3 責任要素には，責任能力，故意・過失，期待可能性がある。

4 責任能力とは，事理弁識能力と行動制御能力をいう。

5 心神喪失とは，事理弁識能力と行動制御能力の一方または双方を欠く状態をいう。

6 心神耗弱とは，事理弁識能力と行動制御能力の一方または双方が著しく減退した状態である。

7 責任能力の有無は裁判官が判断する。

8 責任能力は実行行為時に存在しなければならない。

9 ことさらに自己を心神喪失状態に陥れ犯罪を実現する，いわゆる原因において自由な行為は処罰される。

10 期待可能性は，超法規的責任阻却事由である。

Exercise

問題①　責任に係る判例に関する記述として妥当なのはどれか。

1 多量に飲酒するときは病的酩酊に陥り，心神喪失の状態において他人に犯罪の害悪を及ぼす危険の素質を有することを自覚する者が，飲酒を抑止又は制限する等その危険の発生を未然に防止する義務を怠って飲酒酩酊し，心神喪失の状態において人を殺害した場合には，過失致死罪が成立する。

2 酒酔い運転の行為当時に飲酒酩酊により心身耗弱の状態にあったときは，飲酒の際酒酔い運転の意思が認められるとしても，刑法第39条第2項を適用して刑の軽減を行うべきであると解するのが相当である。

3 炭鉱の労働争議に際しスト破りの就労を阻止するために炭車の前に立ちふさがるなどしてその運転を妨害した被告人について，刑法上の明文の規定が存しない期待可能性の理論に基づいて刑事責任を否定することは許されず，被告人には威力業務妨害罪が成立する。

4 会社の工場長が失業保険料を所定の保険料納付期日までに会社の代理人として納付しなかった罪は，本店からの送金が遅れる等，工場長が保険料を現実に納付しうる状態にない場合であっても成立する。

5 被告人が犯行当時統合失調症に罹患している場合には，その責任能力の有無・程度について被告人の犯行当時の病状，犯行前の生活状態，犯行の動機・様態等を考慮するまでもなく，被告人は心神喪失の状態にあったと判断される。

....

解説

1 妥当な記述である。多量に飲酒するときは病的酩酊に陥り，心神喪失の状態において他人に犯罪の害悪を及ぼす危険のある素質を有することを自覚する者が，飲酒を抑止する等により危険の発生を未然に防止する注意義務を怠って飲酒酩酊し，心神喪失の状態で人を殺害した時は，過失致死罪が成立するのである（最大判昭26.1.17）。

2 誤。刑法39条第2項を適用して刑の減軽を行うべきであるとしている点が誤りである。酒酔い運転の行為当時に飲酒酩酊により心神耗弱の状態にあったとしても，飲酒の際酒酔い運転の意思が認められる場合には，刑法39条2項を適用して刑の減軽を行うべきではないとしており（最決昭43.2.27），責任能力が限定される事態を予定した飲酒運転等の特殊な構成要件の場合には，原因において自由な行為を用いるまでもなく，完全な犯罪の成立が認められやすい

と考えているのである。

3 誤。期待可能性の理論に基づいて刑事責任を否定することは許されず，被告人には威力業務妨害罪が成立するとしている点が誤りである。炭鉱の労働争議に際しスト破りの就労を阻止するために炭車の前に立ちふさがるなどしてその運転を妨害した被告人について，高等裁判所は，運転を妨害する行為に出ないことを期待することは，一般通念よりして可能とは認め難いとして無罪を言い渡しており，期待可能性の理論に基づいて刑事責任を否定している。最高裁判所は，被告人の行為は違法に刑法234条にいう威力を用いて業務を妨害したとはいえないから，正当な争議行為にあたるとして，原審の判断を正当としている（最判昭31.12.11）。

4 誤。本店からの送金が遅れる等，工場長が保険料を現実に納付しうる状態にない場合であっても成立するとしている点が誤りである。保険料を納付しなかった罪は，事業主において，代理人等が納付期日に保険料を現実に納付し得る状態に置いたにも関わらず，これを納付期日に納付しなかった場合に成立するので，本店からの送金が遅れる等，工場長が保険料を現実に納付しうる状態にない本件においては，この事実は認められないので，被告人は無罪となるのである（最判昭33.7.10）。

5 誤。考慮するまでもなくとしている点が誤りである。被告人が犯行当時精神分裂病に罹患していたからといって，直ちに心神喪失の状態にあったと判断されるのではなく，責任能力の有無・程度について被告人の犯行当時の病状，犯行前の生活状態，犯行の動機・態様等を総合考慮して，心神喪失かどうかの判定をすべきだとするのが判例である（最決昭59.7.3）。

解答　**1**

問題② 責任能力に関する次のア〜ウの記述の正誤の組合せとして最も妥当なものはどれか（争いのあるときは，判例の見解による。）。

ア　心神喪失とは，精神の障害により，事物の理非善悪を弁識する能力（事理弁識能力）及びその弁識に従って行動する能力（行動制御能力）のいずれもを欠く状態をいう。

イ　事理弁識能力や行動制御能力の有無及び程度は法律判断であるから，専ら裁判所に委ねられるべき問題であるが，その判断の前提となる精神障害の有無及び程度は，医学・心理学の知見を要する専門的判断であり，裁判所が

専門家の判断と異なる判断をすることはできない。

ウ　犯行当時，重度の精神病にり患していた場合には，このことによって，心神耗弱状態であったことは認められるものの，直ちに心神喪失とされるものではない。

```
     ア  イ  ウ
1   正  誤  正
2   正  正  誤
3   誤  正  正
4   誤  正  誤
5   誤  誤  誤
```

（裁　平30）

解説

ア　誤。心神喪失とは，精神の障害により，事物の理非善悪を弁識する能力（事理弁識能力），またはこの弁識に従って行動する能力（行動制御能力）を欠く状態をいう（大判昭6.12.3）。本肢は，事理弁識能力と行動制御能力のいずれもを欠く状態をいうとの点が誤っている。

イ　誤。裁判所は，人の精神状態を認定するのに必ずしも専門家の鑑定等を必要とするものではなく，他の証拠によってこれを認定することができる（最判昭23.7.6）。また，事理弁識能力や行動制御能力の有無及び程度は法律判断であるから，専ら裁判所の判断に委ねられている（最決昭59.7.3）。したがって，裁判所は精神障害の有無及び程度について，精神医学・心理学などの専門的判断に拘束されることなく最終的な判断をすることができる。

ウ　誤。判例は，被告人が犯行当時重度の精神病にり患していたからといって，そのことから直ちに被告人が心神喪失状態であったとされるものではなく，その責任能力の有無及び程度は，被告人の犯行当時の病状，犯行前の生活状態，犯行の動機・態様等を総合して判断すべきであるとしている（最決昭59.7.3）。本肢は，重度の精神病にり患していることをもって心神耗弱状態であったと認められるとの点が誤っている。

以上により，ア：誤，イ：誤，ウ：誤となり，**5**が正解である。

解答　5

責任論

2 故意・過失

本節では，責任論において最も出題可能性の高い錯誤論を中心に，
故意・過失の基本的理解を図りましょう。

1. 故 意

（1）意 義

故意については，38 条に規定をおく。まず，38 条 1 項本文は，「罪を犯す意
思がない行為は，罰しない」としている。つまり，「罪を犯す意思」がなけれ
ば原則として処罰されないのである。

この「罪を犯す意思」が故意である。

さきに，犯罪論体系の箇所で構成要件的故意・過失と，責任要素としての故
意・過失という形で故意・過失を二分したが，認識・予見の対象が異なること
から体系上二分されているものであり，本質に差はないものと考えておけばよ
い。

試験対策上も，どちらの問題かなどとは問われないので，ここでまとめて説
明する。

では，故意とは何か。その内容については条文だけでは明らかでないので，
これを明らかにしなければならない。故意とは日常用語的にみれば，「わざと」
とでもいえようか。では，「わざと」といえるにはどういう心理状態が必要で
あろうか。これが故意と過失の限界，未必の故意と認識ある過失の区別の問題
であり，以下のように考えられている。

故意犯が原則として処罰され，しかも重い刑罰を科されるのは次のような理
由からである。すなわち，行為者が犯罪成立要件を充たす事実を認識する場
合，自己の行為が違法なものであることを認識し規範の問題に直面することが
できる。

この場合，行為者はその行為を思いとどまるべきだったにもかかわらず，
「あえて」行為に出て法益侵害の結果を発生させた以上，そこに直接的な反規

範性が認められるから強い非難に値するのである。

　とすれば，結果の発生を意欲している場合には，もちろん故意が認められる。また，意欲まではしていなくても結果の発生がわかっているのに「あえて」行為した者は，規範に直面しているといえる。したがって，思いとどまる契機が与えられている以上，故意が認められる。

　他方，結果発生の可能性は認識していても，まさかそんなことはあるまいと思っている者には規範への直面がないから，「わざと」という評価はできない。このような者は「不注意」にとどまるのである。たとえば，狭い道で，前方に歩行者がいることを認識しつつも，猛スピードで横をすり抜けたため，歩行者を引っかけてケガをさせた自動車の運転者について，「ひいてもいいや」という心理状態の場合には傷害罪（204条）が，「ひくことはあるまい」という心理状態の場合には過失運転致死傷罪（自動車運転致死処罰法5条）が成立するのである。

　以上のような故意の本質からして，**故意とは犯罪成立要件に該当する事実を認識・認容する心理状態**ということができる。

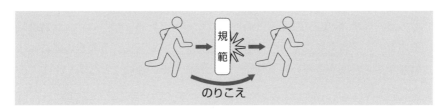

[図2　故意のイメージ]

(2) 錯誤総論

　次に，故意にかかわる重要な問題である「錯誤」について検討する。

　錯誤とは勘違い，すなわち，主観的に行為者が認識していたことと，客観的に発生した事実とが食い違うことであるが，こうした食い違いのある場合でも，「わざと」やったとして犯罪の成立を認めることができるのかが錯誤の問題である。

　この問題については，勘違いが事実認識にあるのか，事実認識に勘違いはないがその評価に勘違いがあるのか，場合を分けて検討する必要がある。

錯誤の全体像をまとめると次のようになる。

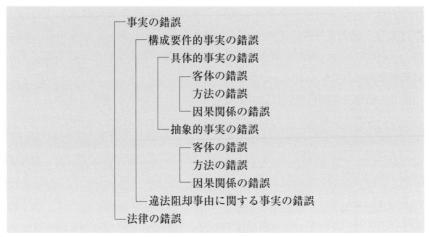

[図3　錯誤の全体像]

（3）事実の錯誤

　事実認識に錯誤がある場合を事実の錯誤という。

　この点，刑法38条2項は，「重い罪に当たるべき行為をしたのに，行為の時にその重い罪に当たることとなる事実を知らなかった者は，その重い罪によって処断することはできない」と規定するのみで，その他のことは明らかにしていない。

　そこで，認識と事実が食い違う場合の処理をどうするかが問題となる。

　錯誤にはさまざまなものがあるので，これを整理してみよう。

　前述のように，故意ありといえるためには，犯罪事実の認識・認容が必要である。ここに，犯罪事実とは構成要件該当事実，および違法性を基礎づけるその他の事実（違法阻却事由に関する事実）をいう。

　まず構成要件該当事実では，同一構成要件内か，異なる構成要件にまたがるかで，具体的事実の錯誤，抽象的事実の錯誤に分かれる。

　さらに客体を間違えたか，打撃方法を間違えたか，因果関係の食い違いかで具体的には以下のように分類できる。

　・客体の錯誤……たとえば，甲だと思って，よく似た乙という人を撃ち殺し

たような場合である。

・**方法（打撃）の錯誤**…たとえば，甲を殴ろうとして隣にいた乙を殴ってしまった場合である。

・**因果関係の錯誤**……たとえば，甲をピストルで撃ち殺そうと思ってピストルを撃ったところ弾は当たらなかったが，びっくりした甲は心臓まひを起こして死んだというような場合である。

これら事実の錯誤をどう処理するかについては，いくつかの考え方がある。

まず，**抽象的符合説**とよばれる立場がある。これは，およそ犯罪を犯すつもりで犯罪を犯した以上，少なくとも軽い罪の故意は認められるとする立場である。

次に，**法定的符合説**がある。これは，同じ構成要件の範囲内で認識と発生した事実が重なり合うかぎりで故意が認められるとする立場である。

最後に，**具体的符合説**がある。これは，認識と発生した事実が具体的に重要な事実と重なり合うかぎりで故意が認められるとする立場である。

法定的符合説は，同じ構成要件の枠内において符合しているかぎり，行為者には生じた結果についての規範への直面が認められるから，故意を認めるのである。この趣旨を敷衍すれば，形式的に構成要件が異なっても，傷害と殺人，窃盗と強盗のように，**実質的に構成要件が重なっている場合には，その重なり合う限度で軽い罪の故意を認めてよい**と解される。判例も同様の立場をとる（重なり合いの理論。最決昭 61.6.9）。

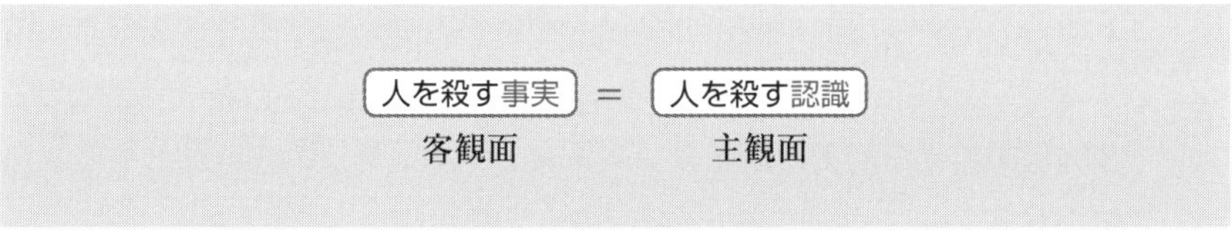

責任論

人を殺す事実 ＝ 人を殺す認識
客観面　　　　　　主観面

[図 4　法定的符合説]

法定的符合説のあてはめの結果は以下のようになる。

① **具体的事実の錯誤**

1）客体の錯誤

> **例** 甲だと思って，よく似た乙という人を撃ち殺した。

　「人を殺そう」として「人を殺している」以上，法定的符合説では問題なく故意が認められる。

2）方法（打撃）の錯誤

> **例** 甲を殴ろうとしたが，誤って隣にいた乙を殴りケガをさせた。

　法定的符合説は，この立場の内部で故意の個数を考えるか否かをめぐって争いがある。まず，故意の個数を考えない立場では理論的には，甲に対する暴行罪（傷害罪の未遂は暴行罪であるから）と乙に対する傷害罪が認められる。

　これに対して，故意の個数を考える立場では，結果が生じた客体について故意を認め，故意はそこで燃え尽きてしまっている以上，他の客体については過失のみが問題となる。したがって，過失致傷未遂は不可罰であるから乙に対する傷害罪のみが認められる。

　判例は，故意の個数を考えない立場である（大判昭 8.8.30）。

3）因果関係の錯誤

> **例** 甲をピストルで撃ち殺そうと思ってピストルを撃ったところ弾は当たらなかったが，びっくりした甲は心臓まひを起こして死んだ。

　一般に錯誤論でいかなる立場に拠っても，因果関係論で相当因果関係説をとる立場の人は，因果関係の認識について，相当因果関係の認識で足りるとするので，相当因果関係の範囲内で符合していれば故意が認められるとする。

　相当因果関係を超える場合には，未遂とする立場，故意阻却とする立場に分かれる。

　いずれにせよ，因果関係の錯誤は故意を阻却しないと覚えておけばよい。

② **抽象的事実の錯誤**

　抽象的事実の錯誤とは，行為者の認識と，発生した事実との食い違いが，構

86

成要件の枠を超えて存在するような場合をいう。

　1）客体の錯誤

> **例** 1　甲を殺すつもりで甲宅の前で待ち伏せしていたところ，門から出
> てくるものがいたのでピストルで撃ったら，実は甲の飼い犬であ
> り，その犬が死んだ。

　法定的符合説では，本則からいえば同じ構成要件の枠内にないのでいっ
さい故意が認められないはずである。
　しかし，構成要件的に重なり合いが認められる場合には，少なくとも軽
い罪については規範的障害があるから軽い罪についての故意が認められる
とするのが一般的である。設例では，器物損壊罪と殺人罪の間には重なり
合いが認められないので，甲は無罪（ただし殺人予備）となる。

　2）方法の錯誤

> **例** 2　甲を殺そうとしてピストルを撃ったが，甲に当たらず甲の連れて
> いた犬に当たり，犬が死んだ。

　法定的符合説では故意の個数を考えるか否かで争いがあるが，故意の個
数を考えない立場では，構成要件的に重なり合いが認められる場合にはす
べての客体に対する故意が認められるが，故意の個数を考える立場ではい
ずれか1つにのみ故意が認められ，他は過失となる。
　設例では，いずれの立場でも甲に対する殺人未遂のみが成立することに
なる。
　なお，傷害の故意で人を刺したところ，その者が死んでしまった場合に
は，単純に傷害致死罪（205条）が成立し，錯誤の問題とはならない。

③　違法阻却事由に関する事実の錯誤

> **例**　甲が激高して手を振り上げたので，乙は甲に殴られると思ってとっ
> さに甲を殴ったが，甲は頭をかくつもりであった（いわゆる誤想防
> 衛）。

違法阻却事由の不存在という事実の認識もまた，故意の内容である。

客観的に違法阻却事由があれば，その行為は適法とされる。したがって，違法阻却事由がないにもかかわらず主観的にあると思ってなした場合は，適法な事実を認識している以上，規範に直面したという評価を下すことはできない。とすれば，設例のような場合には故意が阻却される。

なお，この関係から，過剰防衛には過剰性の認識が必要となる。過剰性の認識がなければ，正当防衛の認識しかないことになるからである。

（4）法律の錯誤（違法性の錯誤）

法律の錯誤とは，事実認識に誤認がない場合に，行為者が自己の行為が許されるものと信じるような場合をいう。

例 1　甲は，悪徳金融業者だから殺してもよいと信じて，甲を殺した。

例 2　対向車が来なければ追い越し禁止区間でも追い越してよいと信じて，パトカーを追い越した。

このような場合に，故意を認められるか。**故意ありといえるためには，自分の行為が許されないことを認識していることが必要なのか。**すなわち，**違法性の意識は故意の要件か**が問題となる。

この点，38条3項は，「法律を知らなかったとしても，そのことによって，罪を犯す意思がなかったとすることはできない。ただし，情状により，その刑を減軽することができる」とする。この規定をどのように解するのかの争いである。

判例は，38条3項を文字どおり読み，違法性の意識不要説に立つ。これに対して学説には，違法性の意識を必要とする立場（**厳格故意説**），違法性の意識自体は不要だが違法性の意識の可能性は必要であるとする立場（**制限故意説**），違法性の意識は故意とは別個の責任要素であるとする立場（責任説）などがあるが，試験においては判例の立場さえ知っていればよい。

結局，判例によれば法律（違法性）の錯誤は故意を阻却しないことになる。

〈表 1　違法性の意識〉

	違法性の意識 不要説（判例）	違法性の意識 必要説 （厳格故意説）	違法性の意識の可 能性必要説（制限 故意説）	責任説
内容	故意の成立には，犯罪事実の認識さえあれば足り，違法性の意識は不要である。	故意の成立には，犯罪事実の認識と違法性の意識が必要である。	故意の成立には，違法性の意識は不要であるが，違法性の意識の可能性は必要である。	違法性の意識の可能性は故意・過失とは別個独立の責任の要素である。
根拠	責任能力者が構成要件該当事実を認識する以上，違法性の意識をもつことを法は期待できる。「法の不知は害する」というローマ法以来の沿革に立脚する。	故意犯が過失犯に比べて重く処罰されるのは，行為者が犯罪事実を認識し，当該行為を悪い行為だと知りつつ敢えて行ったことに強い道義的非難が結果する点に求められるのであって，違法性の意識は，故意と過失を分ける分水嶺として，故意の重要な要素である。	行為者人格の発現に対する非難について違法性の意識の有無で区別する必要はないが，違法性の意識をもつ可能性がない場合には，非難可能性を欠き，故意が否定されるべきである。	故意は犯罪事実の認識・予見を内容とする事実的なものであり，違法性の意識の可能性は故意とは独立した故意犯・過失犯に共通の責任要素であると位置づける。

責任論

38条3項の解釈	38条3項本文「法律」とは違法性を意味する。法律の錯誤は理由のいかんを問わず故意を阻却しないことを規定したものと解される。	38条3項本文「法律」は法規(条文)を意味し，個々の刑罰法規を知らなくても故意を阻却しないことを規定したに過ぎない(違法性についての規定ではない)。法律の錯誤は理由のいかんを問わず故意を阻却する(過失犯成立の余地はある)。	38条3項本文「法律」は法律の規定を意味し，これを知らないことは故意の成立を妨げないことを意味するに過ぎない(違法性についての規定ではない)。法律の錯誤は(違法性の意識の可能性があれば)直ちに故意を阻却しないが，違法性の意識の可能性すらない場合には故意を阻却する(過失犯成立の可能性はある)。	38条3項本文「法律」は違法性を意味し，違法性の意識の欠如は故意の成立には無関係であることを明らかにしたもの。法律の錯誤は(違法性の意識の可能性があれば)直ちに責任を阻却しないが，違法性の意識の可能性すらない場合には責任が阻却され，故意犯も過失犯も成立しない。
批判	必罰的，権威主義的である。責任主義に反する。	違法でないと軽信しただけで故意犯の成立が否定されるのは問題である。違法性の意識が鈍磨している常習犯や，自己の正義を信じる確信犯に対して軽い非難しか加えられない点や，法定犯について違法性の意識を必要とすると，処罰目的を達成できない。	違法性の意識の「可能性」という過失的要素を故意概念に持ち込むものであって，故意犯と過失犯の構造的差異を無視したものである。違法性の意識の可能性がない場合，過失犯の成立が肯定できるのかも疑問。	故意を犯罪事実の認識として形式的に処理するのは，伝統的な故意概念に反し，問題である。

（5）判　例

　このように**判例は違法性（法律）の錯誤は故意を阻却しない**とするので，具体的事例で錯誤が事実の錯誤なのか，法律の錯誤なのかが問題となる場面が多い。

　以下，代表的判例をあげておく。

① 事実の錯誤

[判例]
- 人を殺す意思で殺傷した以上，被害者を誤認したときでも，殺人の故意を阻却しない（客体の錯誤　大判大 11.2.4）。
- 人に対して故意に暴行を加え，傷害または傷害致死の結果を生じさせた場合には，その結果が犯人の予期しない人に生じたときでも，傷害罪または傷害致死罪が成立する（方法の錯誤　大判大 11.5.9）。
- 甲を殺すつもりで，日本刀で突き刺し，甲とともに，甲の抱いていた幼児乙をも殺害したときは，乙に対しても殺人罪が成立する（方法の錯誤　大判昭 8.8.30）。
- 強盗の手段として甲を殺害することを認識・認容しつつ，その背後からびょう打銃を発射したところ，びょうは甲の身体を突き抜け予期しなかった通行人乙にも命中したが，甲・乙ともに死亡には至らなかった場合には，甲・乙それぞれに対して強盗殺人未遂罪が成立する（方法の錯誤　最判昭 53.7.28）。
- 狩猟法で捕獲を禁じられている**「たぬき」と，「むじな」は別物**であると信じて，「むじな」を捕獲した者は，狩猟法の禁止する「たぬき」を捕獲する認識を欠くものであって，犯意を阻却する（客体の錯誤　大判大 14.6.9）。
- 被害者の戯言に基づく嘱託を信じてこれを殺害しようとしたが未遂に終った場合には，殺人未遂罪ではなく，嘱託殺人未遂罪によって処断すべきである（抽象的事実の錯誤　大判明 43.4.28）。
- 甲方に対する住居侵入窃盗を教唆したところ，被教唆者がそれに基づいて乙方で住居侵入強盗を犯したときには，教唆者は，住居侵入窃盗の範囲で教唆犯の責めを負う（共犯と錯誤　最判昭 25.7.11）。
- 人を殺そうとしてその首を絞めると，身動きしなくなったので，すでに死亡したものと誤信し，砂上に放置したところ，被害者が砂末を吸引して窒息死した場合にも殺人罪が成立する（因果関係の錯誤　大判大 12.4.30）。

責任論

- ・覚醒剤輸入罪を犯す目的で，麻薬輸入罪を実現した場合には，両罪はその目的物が覚醒剤か麻薬かの違いがあるだけで，その余の構成要件要素は同一であり，法定刑も同一であるうえ，ともに濫用による中毒状態を生じさせる危険な薬物であって，外観上も類似していることから，両罪の間には実質的重なり合いが認められ，麻薬輸入罪の故意は阻却されない（最決昭 54.3.27）。

② 法律の錯誤

［判例］
- ・自然犯たると行政犯たるとを問わず，故意の成立には違法の認識を必要としない（最判昭 25.11.28）。
- ・刑罰法令が公布と同時に施行され，その法令に規定された行為の違法を認識する暇がなかったとしても，犯意の成立を妨げない（最判昭 26.1.30）。
- ・その地方で「もま」と俗称されている動物が，狩猟法上禁猟獣とされている「**むさび**」と同一のものであることを知らずに捕獲した場合には，法律の不知であって，犯意を阻却しない（大判大 13.4.25）。
- ・メチルアルコールと知って飲用の目的で所持・譲渡したときには，メチルアルコールが法律上所持・譲渡を禁止されているメタノールと同一のものであることを知らなかったとしても，それは法律の不知にすぎない（最判昭 23.7.14）。
- ・猥褻文書販売罪において，当該文書が「猥褻文書」に該当しないと誤信することは，法律の錯誤にすぎず，故意を阻却しない（チャタレー事件，最大判昭 32.3.13）。

2. 過 失

(1) 過失犯

　38条1項は，「罪を犯す意思がない行為は，罰しない。ただし，法律に特別の規定がある場合は，この限りでない」とし，故意犯の原則的処罰と同時に，**過失犯については，特に定められた場合しか処罰されないこと**を明示する。

　過失犯は，失火罪（116 条）や，過失傷害罪（209 条），過失致死罪（210 条）のように，特別に規定されていないかぎり，不可罰なのである。なお，業務上過失致死罪には懲役も規定されている（211 条）。

外見は同じでも
・わざと→殺人罪
・不注意→過失運転致死罪

[図5 過失犯と故意犯の違い]

このことを裏からみれば，現行法上規定されている犯罪は，特に過失犯を処罰する旨の規定のないかぎり故意犯であるということである。

しかし，過失犯処罰が責任主義の例外というわけではない。過失にも非難可能性はあるが，故意の場合ほど反規範性が強いわけではないので，特に重大な結果を引き起こした場合を除いては，刑罰をもって処断するまでのことはないと考えられているだけである。

すなわち，過失犯は規範に直面すべきだったのに不注意で直面しなかったという**間接的な反規範性**ゆえに非難されるものだからである。

また，過失犯においては，重過失を含め未遂処罰規定がおかれていないのも同趣旨である。

(2) 過失の種類

① 認識ある過失と認識ない過失

犯罪事実に認識がある場合でも，認容がなければ過失である。この区別は，犯罪事実の認識があるかどうかというものにすぎず，この区別に従って扱いが異なるわけではない。

② 重過失，業務上過失

通常の過失に比して不注意の程度が重大なものを重過失といい，重く処罰される（211 条参照）。

また，一定の社会生活上の地位にあるために注意義務が加重されている場合

責任論

を業務上過失といい（最判昭 26.6.7），重く処罰される（211 条参照）。

（3）過失の意義と本質

　過失は通常，故意と並ぶ責任要素として理解されているが，過失とはいかなるものであろうか。

　一般に過失とは，不注意と考えられている。これを法律的に言い換えれば注意義務違反ということができる。

　ここにいう注意義務の内容には，**結果予見義務と結果回避義務**があり，そのいずれを本質と考えるか，また，義務の程度をどうとらえるかをめぐって，学問上は新旧過失論争が繰り広げられている。簡単にいえば，結果予見義務違反を中核として過失を考えるのが旧過失論，結果回避義務違反を中核として過失を考えるのが新過失論である。

　この対立の背景には，旧過失論がほとんど結果責任と変わらなかった状況の下では，交通手段の発達により激増する交通事故がすべて処罰されることにもなりかねず，処罰範囲の合理的縮小を必要としたことがあげられる。そして，新過失論の台頭を支えたのは，許された危険の法理であった。

　許された危険の法理とは，社会生活上有用な役割を果たす医療行為や，高速度交通機関などは不可避的に法益侵害の危険を含んでいるが，その社会的有用性から，結果の発生を一定限度で許容するという考え方である。

　かかる観点から，新過失論は，結果の予見が可能であっても，結果回避義務を尽くして行為した場合には過失を否定することを認めたのである。

　これに対して，旧過失論は，具体的な結果の予見義務違反を問題とする形で処罰範囲の合理化を図っている。

　過失論は現在進行形の論点であり，学問的にも非常に難しいところである。また，かかる対立自体は試験において問われないので，この程度のことを理解しておけば十分である。

　最後に，信頼の原則について簡単に述べる。これは，過失犯の処罰範囲を限定する役割を果たすもので，判例も認めている（最判昭 42.10.13）。

　信頼の原則とは，交通ルールに代表されるような一定の準則が確立している領域で，被害者ないし第三者の適切な行為を信頼することが相当な場合には，

たとえそれらの者の不適切な行動から犯罪結果が生じても，その結果に対して
責任を負わなくてよいとする原則である。

　信頼の原則は，新過失論では結果回避義務を軽減する形ではたらくが，旧過
失論でも，結果予見可能性を限定する形ではたらくと解されている。

　いずれにせよ，信頼の原則は過失犯の成立範囲を限定する理論であるから，
過失犯は信頼の原則が適用されない場合にはじめて成立することになる。

　なお，いわゆる**結果的加重犯**については，責任主義の観点から，重い結果の
発生に少なくとも過失が必要であるとの立場が通説であるが，判例は，**過失を
不要とする**（最判昭 32.2.26）。

◇◇◇◇ ポイント整理 ◇◇◇◇◇◇◇◇◇◇◇◇◇◇◇◇◇◇◇◇◇◇◇◇◇◇◇◇◇◇◇◇◇◇◇◇◇

1　故意とは，犯罪事実の認識・認容をする心理状態である。

2　犯罪は特にことわりのないかぎり故意犯である。

3　錯誤では，認識した事実と発生した事実が食い違う場合に，生じた結
　　果について故意を認められるかということが問題になる。

4　錯誤には，事実の錯誤と法律の錯誤とがある。

5　事実の錯誤には，構成要件該当事実の錯誤と違法阻却事由に関する事
　　実の錯誤とがある。

6　判例・通説のとる法定的符合説によれば，事実の錯誤は同一構成要件
　　内で符合しているかぎりで故意を認められる。

7　判例は，違法性の意識不要説なので，法律の錯誤について故意阻却を
　　認めない。

8　判例上「たぬき」「むじな」は事実の錯誤とされているが，「むささび」
　　「もま」は法律の錯誤とされている。

9　過失犯は法律上特別規定がなければ処罰されない。

責任論

Exercise

問題①　錯誤に関する次の記述のうち，Ａについて（　　）内の罪が成立するものはどれか。

1　ＡはＢを唆してＣを傷害することを決意させた。Ｂは飼い犬を連れて散歩中のＣに向かって石を投げたが，石はＣの体をかすめて犬に当たり犬を死亡させた。法定的符合説によった場合（暴行教唆罪）が成立する。

2　Ａは夫Ｂを殺害しようとして，青酸カリの入ったウイスキーグラスをテーブルの上に置いた。ところがＢはそれを飲まなかったが，たまたま訪れたＢの友人Ｃがこれを飲んで死亡した。法定的符合説によった場合（Ｂに対する殺人未遂罪とＣに対する過失致死罪）が成立する。

3　Ａは公園で泥酔して寝ていたＢを犬と間違えて石を投げたところ，Ｂに当たりＢを負傷させた。法定的符合説によった場合（傷害罪）が成立する。

4　ＡはＢに当てるつもりで石を投げたところ，Ｂには当たらずＢの連れていた子供Ｃに当たり，Ｃを負傷させた。法定的符合説によった場合（Ｂに対する傷害未遂罪とＣに対する過失傷害罪）が成立する。

5　ＡはＢを殺そうとして花瓶でＢの頭を殴打したところ，Ｂが身動きしなくなったので，すでにＢが死亡したものと思い，犯行の発覚を防ぐためＢを海中に投じた。Ｂは海水を飲み込んで溺死した。法定的符合説によった場合（殺人未遂罪と過失致死罪）が成立する。

....

解説

1　妥当な記述である。Ｂの行為はＣの身体を石がかすめている以上，傷害罪の未遂，すなわち暴行罪にあたる。そしてＡは，Ｂを唆しているのでＢに成立する暴行罪の教唆犯となる。なお，犬については傷害罪と器物損壊罪には構成要件の重なり合いを認めることができないので，無罪ということになる。

2　誤。判例の立場によれば，数個の結果が生じた場合にはそのすべてに対する関係で故意が認められるので，本肢ではＣに対する関係で殺人罪が成立する。

3　誤。犬と間違えているので器物損壊罪の故意で傷害の結果を引き起こしているのだから，両罪に構成要件的重なり合いが認められない以上は，傷害罪も器物損壊罪も認められない。過失致傷罪が成立する可能性があるだけである。

4　誤。**1**・**2**の解説参照。本肢ではＢに対して暴行罪，Ｃに対して傷害罪が成立する。

5 誤。いわゆる因果関係の錯誤であるが，判例は同様の事案において殺人罪を認めている（大判大 12.4.30）。

解答　**1**

問題②　事実の錯誤として，判例上故意の阻却が認められているものは，次のうちどれか。

1 狩猟法で捕獲を禁じられている「たぬき」を，別獣「むじな」だと思って捕獲した場合。

2 その地方で「もま」と俗称されている動物が禁猟獣「むささび」と同一のものであることを知らずにこれを捕獲した場合。

3 当該文書が，猥褻文書販売罪における「猥褻文書」に該当しないと誤信して，これを販売した場合。

4 許された行為だと思って他人の住居に侵入した場合。

5 「メチルアルコール」が法律上所持を禁じられている「メタノール」であることを知らないで所持していた場合。

・・・

解説

1 妥当な記述である（大判大 14.6.9）。いわゆる「たぬき・むじな」事件として，判例が故意の阻却を認めるところである。

2 誤。判例は，法律の錯誤として故意阻却を認めない（大判大 13.4.25，むささび，もま事件）。

3 誤。判例は，法律の錯誤として故意阻却を認めない（最判昭 32.3.13）。

4 誤。法律の錯誤である。判例の立場では，故意阻却はいっさい認められない。

5 誤。判例は，法律の錯誤として故意阻却を認めない（最判昭 23.7.14）。

解答　**1**

責任論

問題③　故意の有無による犯罪の成否に関する次の記述のうち，判例に照らし，妥当なものはどれか。

1 文書の内容を熟知して頒布販売をしても，その文書が刑法により頒布を禁止されている猥褻物にあたることを知らなかったときは，故意を阻却するから猥褻文書頒布罪は成立しない。

2 狩猟中，人を熊だと思い違いをし，銃を発射して死亡させたときは，対象物が異ならず，かつ，その対象物を殺す意思があったのであるから，殺人の故意があり殺人罪が成立する。

3 甲を殺そうとして甲宅に赴き，家人の留守中に長火鉢に掛けてあった鉄瓶の湯の中に毒薬を投入し，甲のほかその家人を殺したときは，家人に対する関係では故意がなく殺人罪は成立しない。

4 あるいは盗品かもしれないと思いながらもあえてこれを買い受けたときには，その物が盗品であることを確定的に知って買い受けたのではないから，盗品等の有償取得罪は成立しない。

5 甲に暴行するつもりで物を投げつけたところ，甲の傍らにいた乙に当たって乙が死亡した場合には，人に対して故意に暴行を加え，その結果人を死亡させたのであるから，その対象が異なっても故意が認められ，したがって傷害致死罪が成立する。

· ·

解説

1 誤。判例は，猥褻文書にあたるかどうかの誤信は法律の錯誤と解し，故意は阻却されないとする（最判昭 32.3.13）。

2 誤。異なる構成要件にまたがる錯誤を抽象的事実の錯誤というが，抽象的事実の錯誤について判例は，構成要件間に実質的な重なり合いが認められるかぎりで故意が認められるとする。熊を殺すことは，その熊が飼い熊であれば器物損壊罪になるが，器物損壊罪と殺人罪とには重なり合いは認められない。また，野生の熊であればそもそも犯罪とならない。いずれにせよ故意は認められず，本肢においてはせいぜい業務上過失致死罪が成立するにすぎない。

3 誤。判例は，方法の錯誤で結果が複数生じた場合に，故意の個数を考えずすべての結果に対して故意犯を認める。したがって，本肢では家人に対しても殺人罪が成立する。

4 誤。故意とは犯罪事実を認識・認容する心理状態であり，確定的な内容でな

くても認容が認められるかぎり，未必の故意が認められる。本肢では認容が
認められる以上，故意が認められる。

5 妥当な記述である。客体の錯誤であるが，判例のとる法定的符合説では故意
が認められよう。難しいのは何罪が成立するかであるが，暴行の故意で暴行し
た結果，人が傷害されれば暴行の結果的加重犯である傷害罪が成立し，さら
に死亡する場合には，その結果的加重犯である傷害致死罪が成立することに
なる。

解答　5

問題④　過失犯に関する次の記述のうち，妥当なものはどれか。

1 法律に「過失により」といった特別の規定があること，および結果の発生の
予見義務が過失犯の要件である。

2 いわゆる「結果的加重犯」の場合は，重い結果についても過失があること，
およびいわゆる「信頼の原則」が適用されないことが，過失犯の要件である。

3 法律に「過失により」といった特別の規定があること，いわゆる「結果的加
重犯」の場合は，重い結果についても過失があること，および結果の発生
の予見義務が過失犯の要件である。

4 法律に「過失により」といった特別の規定があること，いわゆる「信頼の原
則」が適用されないこと，および結果の発生の予見義務が過失犯の要件で
ある。

5 いわゆる「結果的加重犯」の場合は，重い結果についても過失があること，
いわゆる「信頼の原則」が適用されないこと，および不真正不作為犯でない
ことが過失犯の要件である。

責任論

解説

1 誤。本肢の記述それ自体は誤りではないが，判例も認めている信頼の原則の
適用がある場合には過失犯が成立しない点を看過している点で妥当でない。**4**
との関係で誤りとすべきである。

2 誤。本肢では，結果的加重犯の重い結果について過失を必要とするが，判例
は過失を不要とするので誤りとなる。

3 誤。**2**と同様。

4 妥当な記述である。

5 誤。**2**参照。また，不真正不作為犯でもよい。

解答　**4**

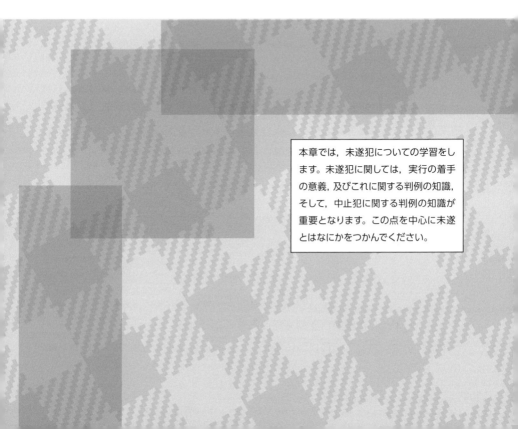

第5章

未遂犯論

本章では，未遂犯についての学習をします。未遂犯に関しては，実行の着手の意義，及びこれに関する判例の知識，そして，中止犯に関する判例の知識が重要となります。この点を中心に未遂とはなにかをつかんでください。

1 未遂犯

本節では，未遂犯の意義と成立要件について概説します。公務員試験においては実行の着手の出題頻度が高いので，この点についての判例をしっかり押さえてください。

1. 意　義

犯罪の実現過程を時間に沿ってみてみよう。まず，犯意を抱く動機があり，そして，犯罪をしようという意思決定があり，その意思決定に基づいて**予備や陰謀**をし，それから実行に出て，最後に結果が発生すれば犯罪の完成となる。

このうち，予備・陰謀の段階で捕まった場合，予備罪処罰規定があれば**予備罪**となる（201条など）。なお，予備は現行法上，殺人など8つの重大犯罪に限って規定されている（放火，強盗など）。

また，結果が発生した場合には，**既遂犯**として処断される。

では，**未遂犯**とはどのようなものをいうのか。以下，未遂犯の意義について述べる。

未遂犯とは，「犯罪の実行に着手してこれを遂げなかった」場合をいう（43条本文）。結果犯において犯罪が完成するには，**結果の発生が必要であるが，結果が発生しなかった場合や，結果が発生しても因果関係が欠ける場合に未遂犯となる。**ただし，未遂罪として処罰されるためには，特別の規定を必要とする（44条，203条など）。

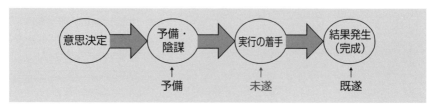

[図 1　未遂犯の意義]

未遂の効果は，**刑罰の任意的減軽**である（43条本文）。

未遂犯が処罰される根拠については，主観的に行為者の危険性に求める立場

（新派）と，客観的に結果発生の危険が生じたことに求める立場（旧派）とがあるが，客観的な結果発生の危険に求めるべきである。

　このように考えれば，任意的減軽という効果も，結果自体は発生していないという点から認められたものと理解できよう。

2.　成立要件

　未遂犯の成立要件は，「犯罪の実行に着手」することと，「これを遂げなかった」ことである。

（1）実行の着手

　未遂犯の成立要件の第一は，「犯罪の実行に着手」することである。この実行の着手の有無をどのように判断するかについては学説が分かれる。大別すると，行為者の意思に着目する立場と，危険の発生に着目する立場とがある。一般的には，意思を強調すればするほど早い時期に実行の着手が認められ，危険の発生を強調すればするほど実行の着手が遅くなる傾向にある。未遂犯の処罰根拠を行為の客観的危険性に求める以上，実行の着手についても客観的な観点から判断すべきである。**判例は実行の意思をもって構成要件該当行為ないしこれと密接する行為を開始することを実行の着手とする。**

　本試験では，実行の着手についての判例の知識を問う問題が多いことから，以下代表的判例をあげておく。

①　窃盗罪（基本的には物色時）

[判例]
・窃盗目的で他人の家宅に侵入し，財物に対する事実上の支配を侵すについて密接な行為をした場合，たとえば金品物色のためにたんすに近寄ったときには，窃盗罪に着手したものである（大判昭9.10.19）。
・犯人が，被害者方店舗内で，所携の懐中電灯で真っ暗な店内を照らしたところ，電気器具類の並んでいることがわかったが，なるべく現金を盗りたいので店内たばこ売場の方に行きかけたとの事実があれば，窃盗罪の着手が認められる（最判昭40.3.9）。

- 土蔵内の物品を窃取する目的で，土蔵に侵入しようとしたときは，窃盗罪の着手があったものである（名古屋高判昭 25.11.14）。
- 被害者のポケットから現金をすりとろうとして，ポケットに手を差し伸べ，その外側に触れた以上，窃盗罪に着手したものである（最判昭 29.5.6）。

　※なお，単なるあたり行為では着手は認められない。

② 殺人罪

[判例]
- 特定人を殺す目的で毒まんじゅうを交付したときには，その者が現にそれを食べなくても殺人罪の着手が認められる（大判昭 7.12.12）。
- 殺人の目的で毒薬を混入した砂糖を郵送した場合には，相手方がこれを受領したときに毒殺行為の着手があったといえる（大判大 7.11.16）。
- クロロホルムを吸引させて失神させた被害者を自動車ごと海中に転落させてでき死させようとした場合において，クロロホルムを吸引させて失神させる行為が自動車ごと海中に転落させる行為を確実かつ容易に行うために必要不可欠であり，失神させることに成功すれば，それ以降の殺害計画を遂行する上で障害となるような特段の事情が存しなかったなどの事実関係の下では，クロロホルムを吸引させる行為を開始した時点で殺人罪の実行の着手があったと認められる（最決平 16.3.22）。

③ 強制性交等罪

[判例]
- 夜間，婦女を人家のまれな寺の境内に連れ込み，強制性交の目的でその首を絞めて押すようにしながら，「大きな声をするな，殺して逃げてしまえばそれまでだ」と脅迫した場合には，強姦罪（改正前）の着手がある（最判昭 28.3.13）。
- 夜間一人で道路を通行中の婦女を車中で強制性交する目的で，必死に抵抗する婦女をダンプカーの運転席に引きずり込もうとしたときは，強姦罪（改正前）の着手が認められる（最決昭 45.7.28）。

④ **詐欺罪**

[判例]
・不実の請求を目的とする訴えの提起は，訴訟詐欺の着手である（大判大 3.3.24）。
・保険金詐取目的で放火したが，まだ保険金支払いの請求をしないときは，詐欺罪の実行に着手したものとはいえない（大判昭 7.6.15）。

⑤ **実行の着手に関するその他の問題**

各犯罪についての実行の着手の問題とは別に，犯罪の実現形態の点から実行の着手が問題となるものもある。

1）離隔犯

離隔犯とは，実行行為と結果発生との間に時間的・場所的な隔たりのある場合をいうが，このような場合の実行の着手はいつ認められるのか。

たとえば，毒薬入りの砂糖を送ったというような場合がこれにあたるが，判例は，被害者の下に毒薬入りの砂糖が到達したときと考えている（大判大 7.11.16）。

また，間接正犯についても同様に解してよい。

間接正犯とは，他人を道具のように利用して自己の犯罪を実現する場合であり，たとえば，医師が事情を知らない看護師に毒入り注射器を手渡し，患者に投与することで患者を毒殺する場合などがその代表である。この場合には，基本的には被利用者（看護師）の行為が開始されたときに実行の着手を認めるのが判例であると理解されている。

2）原因において自由な行為

原因において自由な行為の場合には，原因設定行為時なのか，直接の加害行為時なのか。

この点についての判例はないが，未遂の処罰根拠において主観説を採れば，原因設定行為時となる。これに対し，客観的危険性と考える場合には，いずれの結論もありうる。

（2）未完成

未遂犯の成立要件の第二は，犯罪が未完成であることである。

犯罪が未完成であるとは，具体的には，①実行行為が完了しなかったため結果が不発生である場合，②実行行為自体は終了したが結果が発生しなかった場合，③実行行為は終了し結果も発生したが因果関係が欠ける場合である。

3. 不能犯

　不能犯は，犯罪実現の意思で行為者が行為したが，結果が発生しないという点では未遂犯と似ているが，未遂犯と異なり結果発生の現実的危険がないため犯罪とはならないものである。

　たとえば，草木も眠る丑三つ時に神社の境内でわら人形に五寸釘をコーンコーンと打ち付ける，いわゆる「丑の刻参り」のようなのが典型例である。

　この場合は問題なく無罪であるが，具体的事案によってはどのように**不能か未遂かの区別**をつけるのだろうか。

　判例は，結果発生が客観的にみて絶対的に不能な場合を不能犯，たまたま当該事案では結果が発生しなかったにすぎない相対的不能なら未遂犯とする（最判昭 25.8.31）。

　通説は，行為時に一般人が認識しえた事情および当該行為者が特に認識していた事情を基礎に具体的危険を認めることができるか否かで決すべきとする（具体的危険説）。

　実際上結論にそれほどの差はないので，判例によって不能犯が問題となったものを知っておけば足りる。

[図2　不能犯の例]

（1）不能犯が肯定

［判例］
・殺意をもって被害者に硫黄の粉末を飲ませても，殺人罪としては不能犯である（大判大 6.9.10）。
・長期間地中に埋まっていたため雷管と導火線の結合が悪く，そのままでは爆発することのない手榴弾を投げたとしても，殺人罪としては不能犯である（東京高判昭 29.6.16）。

（2）不能犯が否定

［判例］
・銃撃を受け倒れていた者にとどめを刺そうと日本刀を突き刺したとき，たとえ被害者が行為時に死亡していたとしても，犯人・一般人とも死亡の事実を知り得ない場合には殺人未遂罪が成立する（広島高判昭 36.7.10）。
・殺人の目的で炊飯がまに青酸カリを混入したときは，たとえ変色するとともに異臭を放ち，人がそれを食べるおそれが少ないとしても，殺人の不能犯とはならない（最判昭 24.1.20）。
・殺人の目的で静脈に空気を注射したときは，それが致死量以下であったとしても，被害者の体調等の事情によっては絶対に死の危険がないとはいえないので，殺人の不能犯ではない（最判昭 37.3.23）。
・窃盗犯人が現場で目的物を発見しえなかったときは，目的物が存在したか否かを問わず窃盗未遂であって，不能犯ではない（大判昭 21.11.27）。

未遂犯論

ポイント整理

1 未遂犯とは，犯罪の実行に着手してこれを遂げなかった場合をいう。

2 判例は，実行の意思をもって構成要件該当行為ないしこれと密接する行為を開始することを実行の着手とする。

3 窃盗罪においては，財物の事実上の支配を脅かす危険を含む行為が開始されれば着手が認められる。

① 物色目的でたんすに近づいたとき

② 現金を盗る意思で店内のたばこ売場の方に行きかけたとき

③ 物品盗取の意思で土蔵に侵入行為をしたとき

④ すりの意思でポケットの外側に手を触れたとき

4 詐欺罪では欺罔行為の開始時

① 訴訟詐欺では訴え提起時

② 保険金詐欺では保険金支払い請求時

5 殺人罪においては死の危険が生じたとき

① 毒まんじゅうを交付したとき

② 郵送した毒物が相手方に届いたとき

6 強制性交等罪では暴行・脅迫の開始時

① 人気のない寺の境内で殺すぞと脅したとき

② 強制性交目的でダンプカーの運転席に引きずり込もうとしたとき

7 「これを遂げなかった」とは，結果不発生の場合のみならず因果関係が欠ける場合も含む。

8 不能犯とは，犯罪実現の意思で行為者が行為したが結果発生の現実的危険がないため犯罪とはならないものである。

9 判例は，結果発生が客観的にみて絶対的に不能な場合を不能犯，たまたま当該事案では結果が発生しなかったにすぎない相対的不能なら未遂犯とする。

10 不能犯が認められた例として，硫黄の粉末を飲ませた場合，爆発しない手榴弾を投げた場合などがある。

Exercise

問題①　未遂に係る判例に関する記述として妥当なのはどれか。

1 拘禁場からの逃走を目的として，便所の壁の一部を損壊したものの壁の芯部が強固なため脱出可能な穴を開けることができず，逃走の目的を遂げなかった場合は，逃走行為自体に着手した事実はなかったことから，拘禁場等の損壊による加重逃走罪の実行の着手は認められない。

2 夜間店舗に侵入し，持っていた懐中電灯により店内を照らしたところ電気器具の商品があったが，なるべくお金を盗りたいので店内のたばこ売場の方へ行きかけたところ，店主が帰ってきたため，窃盗をやめたとしても，窃盗罪の実行の着手は認められる。

3 自宅を燃やし自身も焼身自殺しようとして，家屋内にガソリンをまいた後，ガソリンの蒸気が充満している家屋内で，心を落ち着けるため，たばこを吸おうとして点火したところ，この火が蒸気に引火して家屋を全焼させた場合，放火意図の点火ではなく，放火罪の実行の着手は認められない。

4 特定の人物を殺すことを目的として致死量の毒物を混入した飲食物を郵便で送付した場合，それを発送した時点で犯人自身の行為自体は終了しているものであり，発送した時点において殺人罪の実行の着手が認められる。

5 相手を殺す目的で大きな刃物で切りつけたところ，最初の一撃で相手は怪我をしたものの死亡には至らなかった場合，相手が助命の懇願をしたため，殺害することを中止し，相手を病院に運び込んだとしても，この一撃で殺人の実行行為は終了しており，実行未遂にあたる。

（労基平 16）

....

解説

1 誤。加重逃走罪（98 条）において，損壊又は暴行・脅迫を手段とする場合の実行の着手は，それらの行為を開始し，逃走の現実の危険が生じたときに認められる。逃走の現実危険が発生しているかは問題となるが，判例（最判昭 54.12.25）は，本肢のような場合につき実行の着手を認めている。

2 妥当な記述である。窃盗罪における実行の着手は，財物につき他人の占有を侵害する現実の危険が発生したときに認められる。そして，具体的には，財物の性質，形状，行為態様を考慮して判断することになる。本肢のような事例につき，判例（最判昭 40.3.9）は，窃盗の実行の着手を認めている。

3 誤。放火罪における実行の着手は，焼損が発生する現実の危険を生じさせた

時点に認められる。家屋内にガソリンの蒸気が充満するほどガソリンをまいた場合には，ガソリンの高い揮発性から，焼損の危険が生じたといえ，その段階で実行の着手が認められる。裁判例（横浜地判昭58.7.20）でも，本肢のような事例につき，故意の放火罪の成立を認めたものがある。

4 誤。本肢では，郵便手段を利用した間接正犯の実行の着手がどの時点で認められるかが問題となる。判例（大判大7.11.16）は，飲食物を受領した時点で食用できる状態になることを根拠に，飲食物を「受領した」時点で実行の着手を認めている。

5 誤。本問では，実行行為が終了したかが問題となる。裁判例（東京高判昭62.7.16）は，本肢のような事案につき，被告人には最初の一撃で目的が達せられないときには追撃する意図があったことが明らかである，として実行行為は終了しておらず，着手未遂となるとしている。

解答 **2**

問題② 不能犯に係る判例に関する記述として妥当なのはどれか。

1 窃盗の目的物が現場に存在しなかったため，目的物を発見し得なかったときは，目的物を窃取することは絶対に不可能であるから，窃盗の不能犯である。

2 人を殺す目的で，硫黄粉末を飲食物等に混入して人に与えても，殺害の結果を惹起することは絶対に不可能であるから，殺人の不能犯である。

3 人を殺す目的で，致死量に達しない量の空気を人の静脈内に注射しても，殺害の結果を惹起することは絶対に不可能であるから，殺人の不能犯である。

4 科学的根拠を有する方法により，覚せい剤製造を試みたが，触媒の量が足らず，成品を得るに至らなかった場合には，覚せい剤の製造は絶対に不可能であるから，覚せい剤製造の不能犯である。

5 通行人が懐中物を所持していなかったため，当該通行人から懐中物を奪取することができなかったときは，懐中物を奪取することは絶対に不可能であるから，強盗の不能犯である。

••

解説

1 誤。絶対に不可能であるから，窃盗の不能犯であるとしている点が誤りである。窃盗犯人が現場に目的物が存在しなかったため，窃盗の目的物を発見し得なかったときは，目的物が存在したか否かを問わず窃盗未遂であって，窃盗の不能犯とはならない（大判昭 21.11.27）。

2 妥当な記述である。人を殺す目的で，硫黄粉末を飲食物等に混入して飲ませても，殺害の結果を惹起することは絶対に不可能であるから，殺人罪としては不能犯であり，傷害罪で処罰される（大判大 6.9.10）。判例は，結果発生が客観的にみて絶対的に不能な場合を不能犯，たまたま当該事案では結果が発生しなかったにすぎない相対的不能なら未遂犯とするという，絶対不能・相対不能説によって不能犯と未遂犯とを区別しているのである。

3 誤。絶対に不可能であるから，殺人の不能犯であるとしている点が誤りである。人を殺す目的で，致死量に達しない量の空気を人の静脈内に注射したときは，注射された空気の量が致死量以下であっても，被害者の体調等の事情によって死の結果発生が絶対的にないとはいえないので，殺人の未遂犯となるのである（最判昭 37.3.23）。

4 誤。絶対に不可能であるから，覚せい剤製造の不能犯であるとしている誤りである。科学的根拠を有する方法により覚せい剤製造を試みたが，触媒の量が足らず，成品を得るに至らなかった場合でも，その薬品を二倍ないし三倍量使用すれば覚せい剤の製造が可能であったと認められるときは，覚せい剤製造未遂が成立するのである（最決昭 35.10.18）。

5 誤。絶対に不可能であるから，強盗の不能犯であるとしている点が誤りである。通行人が懐中物を所持することは普通予想できる事実であるから，これを奪取しようとする行為は実害を生ずる危険があり，行為当時たまたま被害者が懐中物を所持しておらず，通行人から懐中物を奪取することができなかったとしても，強盗未遂が成立するのである（大判大 3.7.24）。

解答 2

重要度
★★★

2 中止犯

中止犯は，公務員試験において比較的出題頻度が高い分野ですが，判例の知識を押さえておけば足ります。判例を中心に，中止犯の基本的理解をしてください。

1. 意義と本質

　未遂犯のうちで，行為者が自己の意思によって犯罪を中止した場合を中止犯という（43条但書）。中止犯が成立すると，当該行為者には刑の**必要的減軽または免除**がなされる。必ず減軽または免除されるのである。

　かかる寛大な処置がとられる根拠については，犯罪を防止するための政策的配慮（「**引き返すための黄金の橋**」）であると考える立場（政策説）もあるが，これだけでは根拠として薄い。そこで，法的観点からこれを基礎づける必要があるが，有力な見解は，行為者の犯罪結果発生の防止に向けられた態度が，責任を減少させるのだと考えている（**責任減少説**）。

2. 成立要件

```
・中止犯も未遂の一種⇒ ┌①実行の着手
                    └②未完成

・43条但書⇒ ┌③「自己の意思により」（任意性）
           └④「中止した」（中止行為）
```

[図3　中止犯の成立要件]

　必要的減免という効果が生じるためにはいかなる要件を充たすべきか。中止犯の成立要件をみてみよう。

　まず，中止犯も未遂犯の一種であるから「実行に着手してこれを遂げない」ことが必要である。したがって，既遂となっている場合には中止犯の成立の余地はない。

　そして，中止犯が成立するためには，さらに「自己の意思により」（任意性）「犯罪を中止した」（中止行為）ことが必要とされる（43条但書）。

　中止犯の法的性格について責任減少的にとらえることと関連させ，いかなる場合に「自己の意思により」「犯罪を中止した」といえるかを理解してほしい。

　以下，分けて解説する。

（1）「自己の意思により」（任意性）

　いかなる場合に「自己の意思により」といえるか。この点については行為者が悔悟することまでは必要なく，行為者自身の自発的意思であれば足りると考えるべきである。減軽にとどまる場合もある以上，外部的障害によった場合を除けば十分だし，また，自発的意思によっているかぎり非難可能性の減少は認められるからである。

　では，自発的意思かどうかはどのように判断するのか。

　この点については，「**成し遂げることができたにもかかわらず成し遂げることを欲しないでやめた場合**」が中止犯，「**成し遂げたくても，成し遂げることができない場合**」が未遂犯という形で判断するのが一般的である。

　したがって，殺そうと思って首を絞めたが，被害者が苦しむのを見てかわいそうになり，殺すのをやめた場合などは中止犯となる。

　以下，任意性についての代表的な判例をあげておく。

［判例］
① 犯罪の発覚を恐れて中止した場合は，中止犯とならない（大判昭12.9.21）。
② 窃盗犯人が，目的物を発見しえずに犯行を断念した場合は，中止犯とならない（大判昭21.11.27）。
③ 犯罪の実行に着手した後，犯人が驚愕によって犯行を中止した場合には，その驚愕の原因となった諸般の事情が当該犯行の障害となるべき客観性を備えるときは，中止犯とならない（最判昭24.7.9）。
④ 殺意をもって野球用バットで頭を強打したところ，被害者が血を流しているのを見て驚愕，恐怖して殺害をやめた場合は中止犯ではない（最決昭32.9.10）。

---

⑤　行為者が被害者に同情し，憐憫_{れんびん}の情を覚えて中止した場合には，中止犯が成立する（福岡高判昭 35.7.20）。

⑥　ナイフで刺した被害者の出血に驚愕し「大変なことをした」と思って救急車を呼ぶなどして死を回避した場合，犯行に対する反省，悔悟の情も認められ，中止犯が成立する（福岡高判昭 61.3.6）。

（2）「犯罪を中止した」（中止行為）

中止犯の最後の要件は，犯罪の中止行為である。責任減少説からは，**結果不発生に向けられた真摯な努力が必要**である。いかなる場合に中止したといえるかについては，実行行為が終了したか否かで分けて考察する必要がある。

①　着手未遂

実行行為に着手したがいまだ実行行為を終了していない場合については，実行行為の続行を中止すれば足りる。

②　実行未遂

すでに実行行為が終了してしまっている場合には，結果発生を防止する積極的な行為を必要とする。

③　両者の区別

実行行為が終了したかどうかについては行為者の意思に着目する立場と，行為の外形に着目する立場の両者があるが，いずれも考慮するのが通説である。すなわち，6 発の弾の入ったピストルで人を殺そうとした場合には，1 発目が当たってすでに死の危険が生じている場合にはもはや実行行為は終了しているとみるべきであるが，1 発目が外れている場合には，行為者が何発撃っても殺そうとしていたか否かが重要な基準となるのである。

④　他人の助力

中止行為に他人が助力してもかまわないが，その場合には，行為者に自分自身が結果の防止をしたのと同視できる程度の努力が必要となる。

たとえば，殺人の目的で被害者に毒を飲ませた者が，解毒剤を与えるとか，医者の治療を受けさせるなどの場合には中止犯が成立する。

なお，判例は中止行為と結果不発生との間に因果関係のあることを要求する。中止行為について，具体的には以下のような判例がある。

[判例]

① 中止犯は，犯意を翻すだけでは足りず，自己の意思によって犯罪の実行行為を中止するか，またはその終了後にあっては結果の発生を防止することを要する（大判昭 7.10.8）。

② 中止犯の要件としての結果発生防止行為は，必ずしも単独でおこなうことを要しないが，少なくとも犯人自身がその防止にあたったと同視しうる程度の努力を払ったことがなければならない。したがって，放火犯人が「放火したからよろしく頼む」と言って逃げ去った場合には中止犯は成立しない（大判昭 12.6.25）。

---

3. 予備の中止

予備罪を犯した者が，進んで本罪を遂行することをやめた場合に中止犯の規定が適用されるか。

判例はこの点について，予備罪の中止犯は成立しないものとしている（最大判昭 29.1.20）。

4. 共犯と中止犯

共犯者の一人が任意に中止した場合に，その者に中止犯が成立するか。

判例は，共犯者の一人に中止犯を認めるには，その者が共同犯行による結果発生を防止する作為をおこない，結果の発生を防止しえたことが必要だとする（大判大 12.7.2）。この点については，共犯からの離脱との関係を整理しておこう。

なお，共犯者の一人に，上記の要件が充たされ中止犯が成立する場合，他の共犯者には中止犯は成立しない。なぜなら，中止犯は，任意に中止行為をおこなった者に責任減少的観点から与えられる恩恵であり，中止行為をおこなっていない者には成立するはずがないからである。

未遂犯論

1 中止犯とは，未遂犯のうちで行為者が自己の意思によって犯罪を中止した場合をいう。

2 中止犯の効果として，刑が必ず減軽または免除される。

3 中止犯の寛大な扱いの根拠を，判例・通説は，行為者の犯罪結果発生の防止に向けられた態度が責任を減少させるものと考えている（責任減少説）。

4 任意性とは，行為者が悔悟することまでは必要なく，行為者自身の自発的意思であれば足りる。

5 犯罪の発覚を恐れて中止した場合は，中止犯とならない。

6 窃盗犯人が目的物を発見しえずに犯行を断念した場合は，中止犯とならない。

7 驚愕，恐怖して殺害をやめた場合は中止犯ではない。

8 中止犯は犯意を翻すだけでは足りず，自己の意思によって犯罪の実行行為を中止するか，またはその終了後にあっては結果の発生を防止することを要する。

9 中止犯の要件としての結果発生防止行為は，必ずしも単独でおこなうことを要しないが，少なくとも犯人自身がその防止にあたったと同視しうる程度の努力を払ったことがなければならない。

10 判例は，予備罪の中止犯は成立しないものとしている。

11 判例は，共犯者の一人に中止犯を認めるには，その者が共同犯行による結果発生を防止する作為をおこない，結果の発生を防止しえたことが必要だとする。

Exercise

問題①　次の事例のうち，刑が必ず減軽または免除されるものはどれか。

1 甲は乙宅に放火した後，思い直して消火活動に着手したが，甲の消火活動は実際には役に立たず，甲以外の者の行為によって消火された。

2 強盗するつもりで暴行を開始したが警官が来たので慌てて逃げた。

3 甲は乙を殺害しようとして乙に毒を飲ませたが，思い直して毒物を吐かせたため乙は命を取り留めた。

4 甲は乙宅を全焼させるつもりで放火したが，思い直して「放火したのでよろしく頼む」と乙の家人に叫んで逃げた。

5 甲は乙を殺害しようとして毒物を飲み物に混ぜておいたが，帰宅後思い直して，翌日乙宅に行ったが，乙はすでに死んでいた。

・・

解説

1 誤。本肢では，消火が甲の行為と無関係な甲以外の者の行為によってなされている。判例は，中止行為と結果不発生との間に因果関係を要求するので，本肢は中止犯が成立する場合ではない。

2 誤。警官が来たので逃げ出したのであれば，中止が外部的事情によってなされている以上，「自己の意思により」とはいえない。したがって中止犯は成立しない。

3 妥当な記述である。

4 誤。他人に結果発生防止行為を依頼する場合には，犯人自身が防止にあたったのと同視しうる程度の努力が必要である。本肢のような事案において，判例は中止犯を否定している（大判昭 12.6.25）。

5 誤。すでに結果が発生している以上，未遂犯の一場合である中止犯が成立することはない。

解答　3

問題②　次の記述のうち，中止犯が成立するものはどれか。

1 数人が共謀して強盗に入り実行に着手した後，そのうちの一人が改悛して現場を立ち去った。

2 家屋に放火したが，住んでいる人のことを考えるとかわいそうになり，消火活動を続けた結果，その家屋は全焼したが隣家への延焼は免れた。

3 倉庫へ盗みに入ったが，目当ての物がなかったので何も盗らずに帰った。

4 空き巣に入り，廊下まで盗品を持ち出したが，管理人の足音が聞こえたので部屋に戻り，盗んだ品物を置いて立ち去った。

5 溺殺する目的で幼児を水中に突き落としたが，かわいそうに思って通りがかった人の協力を得て無事救出した。

・・

解説

1 誤。共同正犯の一人に中止犯が成立するためには，その者が自己の行為を中止するだけでなく，他の共犯者の行為をもやめさせる必要がある（最判昭24.12.17）。

2 誤。放火罪は「焼損」によって既遂に達する。本肢ではもはや既遂に達している以上，未遂の一種である中止犯が成立する余地はない。

3 誤。目当ての物がないという外部的事情によって中止している以上，任意性が認められず中止犯とはならない。

4 誤。管理人の足音という外部的障害によって中止している以上，任意性が認められないので，中止犯とはならない。また，留守宅のような監視が緩やかな場所においては，荷造りによって窃盗が既遂に達するので，本肢ではこの点でも中止犯は成立しない。

5 妥当な記述である。通行人の協力を得ても自分で防止したのと同視できるから，本肢では中止犯が成立する。

解答　5

第6章

共犯論

本章では共犯論にかかわる基本問題を
学習します。共犯一般については各共
犯の成立要件をしっかり理解し，その
他共犯論の諸問題として共犯と身分，
共犯と錯誤について基本的理解をしま
しょう。

共犯の意義

共犯論は，学問的には絶望の章などともいわれ，非常に難しいところで，実際現在でも議論が錯綜しているところです。しかし，試験対策としては，各共犯の成立要件，および重要な判例を中心に学習するだけで十分です。

1. 総 論

犯罪の成否を検討する場合，通常念頭におかれるのは，一人で犯罪を犯す場合である（単独犯）。刑法自体も，原則として単独犯を念頭において規定を設けているが，実際上は，犯罪が必ずしも一人の犯人によって引き起こされているわけではない。銀行強盗や，保険金詐欺など複数人の関与のもとで犯罪が実現される場合，かかる複数人の関与のもとで犯罪が実現される形態を共犯という。

共犯論での問題点としては，①正犯と共犯の区別，②共犯の各形態とその成立要件，③共犯と身分が重要かつ基本的なものである。なお，③については節を改めて説明する。

学問的には，共犯論は非常に難しいが，試験対策としてはあまり深入りせずに済ませばよい。

（1）正犯と共犯

学説的には，種々の議論があるが，試験対策上は「**正犯とは基本的構成要件に該当する行為（実行行為）を自ら実現する者をいい，共犯とは，正犯の実行行為に加功することで犯罪の実現に関与する者をいう**」と覚えておけば十分であろう。要するに，実行行為をおこなうのが正犯，実行行為以外の行為で犯罪に加担するのが共犯ということである。

ここで問題となるのが，**間接正犯**である。正犯の定義を厳格にとらえれば，正犯は自らの手を汚して犯罪を実現する者に限られる。

もしこのように解するならば，医師が事情を知らない看護師を利用して，日ごろから憎んでいた患者に毒を注射させる場合のように，他人を道具のように

利用する者は正犯たりえないことになる。

[図 1　間接正犯]

しかし，業務上過失致死罪（211 条）の教唆が現行法上不可罰である以上，この場合の医者は正犯としても共犯としても処罰できないが，かかる結論は妥当性を欠く。

そこで，かかる結論の不都合性を回避するため，判例・学説は，**他人を道具のように利用する行為それ自体を実行行為ととらえて，この場合の医者を正犯とする**（最決昭 31.7.3）。

このように，**他人の行為を利用して自己の犯罪を実現する者のことを，間接正犯という。**

間接正犯の場合，被利用者は利用者の単なる道具であり，被利用者の行為は単なる因果経過の一部であるとみなされる。したがって，利用行為自体が構成要件的結果発生の直接的現実的危険を含むものと認められるのであり，利用行為に実行行為性が認められるのである。

判例上，間接正犯が認められたものには，次のようなものがある。

[判例]
① 是非弁別のない幼児を利用して犯罪を実現したものは，実行正犯である（責任無能力者の利用　大判明 37.12.20）。
② 愚鈍な被害者を欺き，首つりをしても蘇生しうるものと誤信させて縊死させたときは，殺人罪が成立する（被害者の行為を利用　大判昭 8.4.19）
③ 自己の平素の言動に畏怖し意思を抑圧されている 12 歳の養女を利用して窃盗をおこなった者は，同女が是非善悪の判断能力を有するものであったとしても，窃盗罪の間接正犯である（最決昭 58.9.21，四国巡礼事件）。

---

④　自己の施した堕胎手術によって妊婦の生命に危険を生ぜしめた者が，医師をして緊急避難としてやむなく胎児を排出させた場合は，堕胎罪の間接正犯である（他人の適法行為を利用　大判大 10.5.7）。

⑤　会社の代表取締役が，会社の使用人に命じ，自己の手足としてヤミ米を運搬させた場合には，代表取締役は食糧管理法違反の罪を免れない（故意ある幇助道具の利用　最判昭 25.7.6）。

[判例] 12 歳少年強盗事件　　　　　　　　　　　　　　（最決平 13.10.25）

〈事案〉

　A から金品を強奪しようとした被告人 X は，12 歳の長男 Y に，覆面をし，A にエアガンを突き付け脅し，金品を強取するよう命令し，Y に覆面・エアガンを与えたところ，Y は，指示された方法で A を脅迫し，さらに自己の判断で A 方の店のシャッターをおろし，A を閉じ込めるなどして A の反抗を抑圧して A から金品を強取した。

〈判旨〉

　Y には是非弁別の能力があり，Y は自らの意思により本件強盗の実行を決意した上，臨機応変に対処して本件強盗を完遂したのであるから，被告人 X に強盗罪の間接正犯は成立しない。

（2）共犯の諸形態

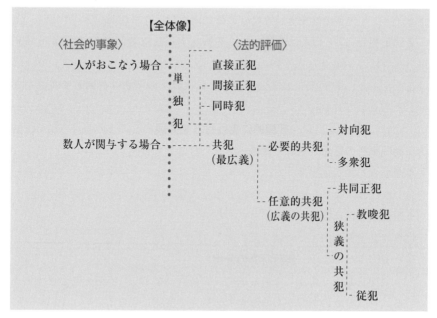

[図2　共犯の諸形態]

　複数主体が意思を通じて，ある犯罪の実現に関与する場合を共犯（最広義）というが，条文上当然に関与が予定されている場合を必要的共犯という。

　たとえば，騒乱罪（106条），重婚罪（184条）などである。騒乱罪は，各関与者が同方向の性質の行為をするものであるから，これを**集団犯**ないし**多衆犯**というのに対して，重婚罪は相互に向かい合った行為をするものであるから，**対向犯**という。

　これに対して，通常，共犯といわれるのは，単独で犯すことが予定されている犯罪を複数人で犯す場合を指し（広義），このようなものを**任意的共犯**という。任意的共犯については，60条以下が規定する。

　共犯論で対象とするのは，いわゆる最広義の共犯のうち，必要的共犯を除く，①**共同正犯**，②**教唆犯**，③**従犯**である（広義の共犯）。

　以下，それぞれについて成立要件を中心に説明する。

123

① 共同正犯

　共同正犯も共犯論で論じられているが，前述の正犯と共犯の区別に従えば正犯であって，狭義で共犯という場合には共同正犯は含まない。

　共同正犯とは，「二人以上共同して犯罪を実行した者」であり，「すべて正犯」とされる（60条）。

　したがって，共同正犯の成立要件は，二人以上の者が「共同して犯罪を実行」することである。

　「共同」といえるには，**客観的に実行行為を共同**することのみならず，主観的に**共同実行の意思（意思の連絡）**を有することも必要である。

　なぜなら，共同正犯は「すべて正犯」とされ，生じた結果全体について責任を負わなければならない以上，行為者相互に意思の連絡のもとで利用・補充しあう関係がなければならないからである。

　以下，各要件の内容について説明する。

　1）共同実行の事実（**実行行為の分担**）

　　共同正犯も「正犯」である以上，実行行為をおこなう者である必要がある。実行行為の共同が必要な点で，後述の従犯と異なる。

　　ただし，判例は，いわゆる**共謀共同正犯**の理論によって，共謀に参加した者は実行行為を分担していなくても共同正犯となるとしている（大連判昭11.5.28，最大判昭33.5.28）。

[判例] スワット事件　　　　　　　　　　　　　　　　　　　　（最決平15.5.1）

〈事案〉

　暴力団組長Xが，スワットと呼称されるボディーガードを連れていたところ，スワットらはXを警護するため，拳銃を所持していたが（違法所持），Xはスワットらに拳銃の携帯を命じてはいなかった。

〈判旨〉

　「直接指示・命令を下さなくても，実行行為者と黙示の意思連絡があれば，共謀共同正犯は成立し得る」とした。

　　なお，共謀共同正犯を肯定した場合，実行前に離脱した者はその後の実行につき責任を負わない（大阪高判昭41.6.24）。

また，予備罪についても判例は共同正犯を認める（最決昭 37.11.8）。

2）共同実行の意思（**意思の連絡**）

共同実行の意思とは，二人以上の者が共同して，ある犯罪の実行をしようとする意思である。すなわち，**意思の連絡**があることである。

共同実行の意思は，実行の時にあれば足り，事前の打ち合わせなどは必要ない（最判昭 23.12.14）。また，意思の連絡は明示のものでなくともよく，暗黙に意思の連絡があればよい（最判昭 23.11.30）。

数人に同時に意思の連絡が生じた場合でも，A から B，B から C というように順次に意思の連絡ができてもかまわない。

このように，意思の連絡が必要であるから，片方の者だけが共同の意思をもつ**片面的共同正犯**は否定されている。

もっとも，共同実行の意思は必ずしも故意を共同することに限られないので，**過失犯の共同正犯**も肯定できる（最判昭 28.1.23）。

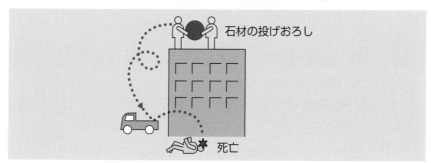

[図 3　過失犯の共同正犯]

共同実行の意思との関係で，ほかに問題となるものとしては，一人が犯罪を実行している最中に途中から参加する場合，いわゆる**承継的共同正犯**がある。

承継的共同正犯については，参加後の行為の結果についてはもちろん責任を負うが，参加以前の先行者の行為から生じた結果についても責任を負うのかが問題となる。

下級審には肯定するもの（東京高判昭 34.12.7），否定するもの（広島高判昭 34.2.27），先行者の行為の結果を認識・認容し，積極的に自己の犯

罪の手段として利用する意思の場合に限って肯定するもの（大阪高判昭62.7.10）があったが，近時の最高裁は傷害罪について承継的共同正犯を否定している（最決平24.11.6）。

以上の要件を充たせば共同正犯が成立するが，その効果は「すべて正犯とする」である。これは，**一部実行全部責任**の原則を指すものと理解されている。すなわち，自己の行為と直接の因果関係が認められない結果についても，共同行為と因果関係さえあれば全部について責任を負うのである。

なお，暴行の共謀をして数人で被害者を殴打したところ，共同者中の一人の行為から被害者に死傷の結果が生じた場合には，暴行について共謀がある以上，全員が傷害罪ないし傷害致死罪の共同正犯となる（最判昭23.5.8）。このように**結果的加重犯**については，基本犯についての共謀がある以上，加重結果についても全員が責任を負うというのが判例の態度であり，ほかにも強盗致死罪などがある。

② **教唆犯**

教唆犯とは，「人を教唆して犯罪を実行させる」犯罪，すなわち，他人を唆して犯行を決意させ，犯罪を実行させるものをいう。

教唆犯の成立要件は，「人を教唆して犯罪を実行させる」こと，すなわち，教唆行為と正犯者の実行である。以下，各要件について説明する。

1）教唆行為

教唆とは，犯罪意思のない他人を唆して犯罪意思を抱かせることである。

[図4　教　唆]

教唆行為の方法は問わない。およそ被教唆者に犯意を抱かせうる程度の

ものであれば足り，作為によるか不作為によるか，明示であるか黙示であるか，指示であるか命令であるか嘱託であるか等を問わない（最判昭26.12.6）。

　教唆行為の内容は，特定の犯罪を唆すことでなければならない。しかし，犯罪の時や場所，方法，相手方等まで特定している必要はないし，教唆時に犯罪の目的物が確定的に存在していなくてもかまわない（大判明44.6.15）。としても，特定の犯罪を教唆することは必要である。「何か犯罪をしろ」では教唆とならないのである。また，教唆行為は特定の者になされねばならない。言い換えれば，被教唆者は特定している必要がある。

　なお，教唆とは人に犯意を抱かせることであるから，過失犯に対する教唆犯はありえない。

　正犯者に直接教唆する場合だけでなく，教唆者に対して教唆する間接教唆（61条2項）や，従犯に対する教唆（62条2項，ただし従犯に準ずる）も処罰される。判例は，間接教唆の教唆（再間接教唆）も処罰する（大判大11.3.1）。

2）正犯の実行

　条文上「実行」とされていることからも，理論的にも，教唆犯が成立するためには正犯者が実行に着手することが必要とされる（**共犯従属性説**）。

　教唆犯の処罰根拠は，教唆行為によって教唆者の反社会性が現れたことではなく，教唆者が正犯者を通じて間接的に違法な結果を発生させたことにあるからである（**因果的共犯論**）。

　このように，教唆犯の処罰根拠を正犯者を通じて違法な結果を惹起させたことに求める以上，正犯者の行為は違法なものであることを要する。しかし，責任は人的個別的な非難の問題であるから，正犯が有責であることまでは要しない（**制限従属性説**）とするのが通説である。

　なお，正犯の実行は，当該教唆行為に基づいたものであることが必要であるのはいうまでもない。教唆により生じた犯意をいったん喪失後，再び自己の意思で犯意を形成した場合などは教唆は成立しない（最判昭25.7.11）。

　以上の要件を充たせば教唆犯が成立するが，教唆犯成立の効果は，「正

犯の刑を科する」である。要するに，正犯者に適用される法定刑の範囲で処罰されるのである。

③ 従 犯

従犯とは，「正犯を幇助」するもの，すなわち，正犯の実行行為を実行行為以外の行為で手助けする犯罪である。

従犯の成立要件は，「正犯を幇助」することである。したがって，幇助行為が必要であるが，加えて，正犯とは，前述のように実行行為をおこなうものであるから，やはり正犯の実行が必要である。以下，各要件を検討する。

1）幇助行為

幇助行為とは，**実行行為以外の行為で正犯の実行行為を容易に**するものである。正犯の実行行為に役立つものであれば，物を渡すなどの有形的行為はもちろん，「がんばれ」と励ますような無形的行為でもかまわず，その他，方法・内容を問わない。

正犯　　　被害者　　　従犯

[図5 従 犯]

この点で無形的従犯と教唆との区別が問題となるが，新たに犯行を決意させるのが教唆，すでに犯行を決意している者の犯意を強めるのは従犯である。

なお，幇助行為は少なくとも実行行為と同時になされねばならない。したがって，正犯の実行行為終了後の手助けは従犯にならない。

また，見張り行為については共同正犯と従犯の区別が問題となるが，判例は，前述の共謀共同正犯の理論の下に，見張り行為を共同正犯とする傾向がある（最判昭23.3.11）。

2）正犯の実行

従犯の処罰根拠も正犯を通じての間接的な違法結果の惹起に求められる

から，従犯の成立にも，正犯の実行が必要である。

　以上の要件を充たせば従犯が成立する。従犯成立の効果は，「従犯の刑は，正犯の刑を減軽する」（**必要的減軽**）（63 条）であるから，正犯に適用される法定刑を減軽した範囲内で処罰される。

◆◆◆◆ ポイント整理 ◆◆

1　正犯とは実行行為をおこなう者であり，共犯とは実行行為以外の行為で犯罪に加担する者である。

2　間接正犯とは他人を道具のように利用する場合であり，この場合には利用行為自体が実行行為となる。

3　共犯には，共同正犯・教唆犯・従犯がある。

4　共同正犯とは，二人以上共同して犯罪を実行した者であり，すべて正犯とされる。

5　共同正犯は，一部を実行しただけでも全部の責任を負う（一部実行全部責任の原則）。

6　共同正犯の成立要件は，共同実行の事実と共同実行の意思である。

7　判例は，いわゆる共謀共同正犯の理論によって，共謀に参加した者は，実行行為を分担していなくても共同正犯となるとしている。

8　予備罪についても判例は共同正犯を認める。

9　共同実行の意思とは，意思の連絡があることである。

10　共同実行の意思は実行の時にあれば足り，事前の打ち合わせなどは必要ない。

11　意思の連絡は明示のものでなくともよく，暗黙に意思の連絡があればよい。

12　片面的共同正犯は，否定されている。

13　判例は，過失犯の共同正犯を肯定する。

⑭ 教唆犯とは，人を教唆して犯罪を実行させる犯罪である。

⑮ 教唆犯の成立要件は，教唆行為と正犯の実行である。

⑯ 教唆行為の方法は問わない。

⑰ 教唆行為の内容は，特定の犯罪を唆すことでなければならない。

⑱ 過失犯に対する教唆犯はありえない。

⑲ 直接教唆だけでなく，間接教唆や従犯に対する教唆も処罰される。

⑳ 判例は，間接教唆の教唆（再間接教唆）も処罰する。

㉑ 従犯とは，正犯を幇助する犯罪である。

Exercise

問題①　教唆犯に関する次の記述のうち，妥当なものはどれか。

1 甲が乙にある犯罪を教唆したところ，乙は自ら実行せず，丙に犯罪を実行させた。この場合，甲は教唆の責めを負う。

2 甲が乙に強盗をするかもしれないと思いながら窃盗を教唆したところ，乙は窃盗の際強盗の罪を犯した。この場合，甲は窃盗教唆の限度で責めを負う。

3 甲が乙にA方への住居侵入窃盗を教唆したところ，乙は誤ってB方へ侵入し，現金を窃取した。この場合，甲は教唆の責めを負わない。

4 甲が乙にA方へ住居侵入し，Aの所有する絵画を窃取するよう教唆したところ，乙は戸締りが厳重なのでA方への侵入はあきらめ，改めてB方へ侵入して現金を窃取した。この場合，甲は教唆の責めを負う。

5 甲が乙に丙をしてある犯罪をおこなわせることを教唆したところ，乙は丙を教唆し，丙は犯罪を犯した。この場合，甲は教唆の責めを負わない。

∙∙∙

解説

1 妥当な記述である。教唆の故意で間接教唆の結果を生じた場合であるが，教唆と間接教唆との間には構成要件の実質的重なり合いが認められるから，故意が認められる。問題は甲の罪責であるが，間接教唆も教唆犯として扱われる以上，甲は教唆の責めを負うという本肢が妥当である。

2 誤。強盗をするかもしれないという認識を有しつつあえて教唆している以上，強盗教唆の未必の故意が認められる。本肢は強盗教唆の責めを負うため，窃盗教唆の限度で責めを負うとする点が妥当でない。

3 誤。A方かB方かは方法の錯誤の問題になるが，法定的符合説では同一構成要件内の錯誤であり，故意を阻却しないことになる。したがって，甲は教唆の責めを負う。

4 誤。乙はいったんあきらめてから，改めてB方への住居侵入窃盗をおこなっている。したがって，甲の教唆行為とは別個に犯意を生じたものと思われる。よって，甲は教唆の責めを負わない。

5 誤。間接教唆をおこないそのとおりの結果が生じている以上，甲は教唆の責めを負う。

解答　**1**

問題②　共犯に関する次の記述のうち，判例に照らし，最も妥当なのはどれか。

1 共謀共同正犯が成立するには，2人以上の者が，特定の犯罪を行うため，共同意思の下に一体となって互いに他人の行為を利用し，各自の意思を実行に移すことを内容とする謀議をなし，よって犯罪を実行した事実が認められなければならない。したがって，共謀に参加した事実が認められる以上，実行行為に直接関与したかどうかは共謀共同正犯の成立を左右するものではない。

2 共同正犯が成立する場合における過剰防衛の成否は，共同正犯者の各人につきそれぞれその要件を満たすかどうか検討することを要せず，共同正犯者の1人について過剰防衛が成立した場合には，当然に他の共同正犯者についても過剰防衛が成立することになる。

3 暴行・傷害を共謀した数人中1名が未必の故意をもって殺人罪を犯した場合，他の者について，殺人罪の共同正犯の意思はなかったとしても，その事実が実現された以上，殺意がない場合の傷害致死罪ではなく，殺人罪の共同正犯が成立する。

4 犯人が営利の目的を持っていたか否かで各犯人に科すべき刑の軽重が区別されている場合であっても，これは刑法第65条第2項にいう「身分によって特に刑の軽重があるとき」に該当しないことから，営利の目的を持つ者と持たない者とが共同して違法行為を行った場合には，当然に営利の目的を持つ者に係る重い罪の共同正犯が成立する。

5 強盗の共同正犯の一方が，強盗の実行の着手以後に犯意を放棄したにもかかわらず，他の共同正犯者が実行行為を継続し結果を発生させた場合には，たとえ他の共同正犯者の実行行為を阻止せずに放任していたとしても，犯意放棄者は結果に対して責任を負わず，強盗既遂の罪を問われることはない。

(労基平18)

・・・

解説

1 妥当な記述である。判例（最大判昭33.5.28，練馬事件）は，共謀共同正犯が成立するには，二人以上の者が，特定の犯罪を行うため，共同意思の下に一体となって互に他人の行為を利用し，各自の意思を実行に移すことを内容とする謀議をなし，よって犯罪を実行した事実が認められれば足り，実行行為に直接関与したかどうかは共同正犯の成立を左右するものではないとしている。

2 誤。判例（最決平 4.6.5，フィリピンパブ事件）は，共同正犯が成立する場合における過剰防衛の成否は，共同正犯者の各人につきそれぞれその要件を満たすかどうかを検討して決するべきであって，共同正犯者の一人について過剰防衛が成立したとしても，その結果当然に他の共同正犯者（本件では，被害者の攻撃を予期し積極的な加害の意思で侵害に臨んだ共犯者）についても過剰防衛が成立することになるものではないとしている。

3 誤。判例（最決昭 54.4.13）は，暴行・脅迫を共謀した数名中 1 名が未必の故意を持って殺人罪を犯した場合，殺意のなかった者については，客観的には殺人罪の共同正犯にあたる事実が実現されたことにはなるが，殺人罪という重い罪の共同正犯の意思はなかったのであるから，殺人罪の共同正犯が成立するいわれはなく，殺人罪の共同正犯と傷害致死罪の共同正犯の構成要件が重なり合う限度で軽い傷害致死罪の共同正犯が成立するものと解すべきであるとしている。

4 誤。判例（最判昭 42.3.7）は，麻薬輸入者の処罰と，営利目的の麻薬輸入者のより重い処罰とを定める麻薬取締法 64 条は，営利目的の有無という犯人の特殊な状態の差異によって各犯人に科すべき刑に軽重の区別をしているものであって，刑法 65 条 2 項にいう「身分によって特に刑の軽重があるとき」に当たるとしている。

5 誤。判例（最判昭 24.12.17）は，強盗の共同正犯の一方が，強盗の実行の着手以後に犯意を放棄したにもかかわらず，他の共同正犯者が実行行為を継続し結果を発生させた場合には，たとえ犯意を放棄したとしても他の共同正犯者の強取行為を阻止せず放任した以上，強盗既遂の罪責を免れることはできないとしている。

解答 **1**

2 共犯論の諸問題

本節では，共犯論の諸問題と題して，公務員試験で出題されたことのある共犯と身分，共犯と錯誤，共犯の中止・離脱について基本知識を学習します。

1. 共犯と身分

（1）総　説

　65条1項は，「犯人の身分によって構成すべき犯罪行為に加功したときは，身分のない者であっても，共犯とする」と規定する。

　65条2項は，「身分によって特に刑の軽重があるときは，身分のない者には通常の刑を科する」と規定する。

　この条文を素直に読めば，65条1項は，身分が連帯的に作用することを規定し，他方，65条2項は，身分が個別的に作用することを規定するものであるから，1項と2項で矛盾が生じているようにも思える。

　そこで，両規定を矛盾なく説明するために，この規定をいかに解釈するかが問題とされるのである。

（2）身分犯

　ここで，身分なる言葉が出てきたが，その意味を理解していないと65条の解釈が理解できないので，65条の解釈に入る前に，前提として身分犯について説明する。

　まず，身分とは，「**男女の性別，内外国人の別，親族の関係，公務員たる資格のような関係のみならず，すべて一定の犯罪行為に関する犯人の人的関係である特殊の地位または状態を指称する**」（最判昭27.9.19）。

　要するに身分とは，人が社会生活上占める地位や資格のことである。具体的には，裁判の執行により拘禁された既決または未決の者（97条），公務員（197条等），業務者（117条の2，211条，253条），他人のためにその事務を処理する者（247条），財物の占有者（252条）などがある。

　刑法上も，このように各種身分が犯罪の要件として規定されているが，行為者にこうした身分が要求される犯罪を身分犯という。

　一言で身分犯といってもさまざまなものがある。たとえば，業務上過失致死罪（211条），保護責任者遺棄罪（218条），背任罪（247条），横領罪（252条），事後強盗罪（238条）など実に多種多様である。

　このように多種多様な身分犯があるが，通常，真正身分犯と不真正身分犯とに分類される。

　真正身分犯とは，一定の身分がなければ犯罪とならないもの，すなわち，**一定の身分がある者が主体となって初めて犯罪とされるもの**であり，収賄罪（197条以下）や，単純横領罪（252条）などが典型である。

　次に，**不真正身分犯**とは，身分がなくても犯罪とはなるが，**一定の身分があることによって刑に軽重の差があるもの**であり，業務上過失致死罪（211条）や，業務上横領罪（253条）などがある。

（3）65条の解釈

　では，身分犯についての基本的理解ができたところで65条の解釈に進む。前述のように65条は，内部で矛盾しているようにもみえるが，**判例は，65条1項は真正身分犯の成立・科刑を規定したものであり，65条2項は不真正身分犯の成立・科刑を規定したもの**であるから，矛盾はないと考えている。適用場面が違う以上，矛盾は生じないというのである。

　なお，65条1項の「共犯」には，**共同正犯，教唆犯，従犯**のすべてを含むと解されている（大判昭9.11.20）。

　判例の解釈に従って説明すれば，65条1項は，真正身分犯について身分者の行為に非身分者が加功した場合には，非身分者も真正身分犯の共犯となることを規定したものとなる。そして，65条2項は，不真正身分犯について身分者の行為に非身分者が加功した場合には，非身分者には通常の犯罪の範囲で共犯が成立することを規定したものとなる。

　なお判例は，65条2項を非身分者に身分者が加功した場合には，身分ある者には身分ある者の刑を，という読み方をする（大判大3.5.18）。

　いくつか具体例をみておこう。

65条1項の例としては，次のようなものがある。

[判例]

たとえば，非公務員である妻と共謀し，妻を通じて公務員である夫が賄賂を受け取った場合には，公務員である夫とともに妻も収賄罪の共同正犯ないし従犯の罪責を負う。

非身分者であるAが，弁護士であるBを唆し，Bが職務上知ったCの秘密を漏洩させた場合には，Bには秘密漏示罪（134条）が，Aには同罪の教唆犯が成立する。

金うけとってきてくれ

公務員
（夫）

妻

[図6　65条1項適用]

65条2項の例としては，次のようなものがある。

[判例]

たとえば，Aは，Bが車で人をはね重傷を負わせた現場を通りかかった際，Bをかわいそうに思い逃げるように唆し，これを逃走させた場合，Bには保護責任者遺棄罪（218条）が成立するが，Aは保護責任を負わない非身分者であるから単純遺棄罪（217条）の教唆犯の罪責を負う。

また，判例は，業務上横領罪（253条）に加功した他人の物の占有者たる身分を有しない者について，業務上横領罪の共犯であるが，65条2項により単純横領罪の刑を科されるとしたり（最判昭32.11.19），賭博の非常習者が常習者の賭博行為を幇助した場合には，幇助者には単純賭博罪の従犯が成立する（大判大2.3.18）としている。

2. 共犯と錯誤

　共犯と錯誤についても，選択肢の１つとして問われることが多いので一言述べておこう。

　基本的には単独犯における錯誤論を応用するだけのことだから，それほどの困難はない。若干の問題があるとすれば，錯誤が異なる共犯形式の間にまたがっている場合である。

　たとえば，甲が教唆のつもりで唆したところ，正犯者はすでに犯意をもっており，結果として幇助にしかならなかった場合や，その逆の場合には，甲にはいかなる範囲で故意が認められるのか。

　共犯形式は，当罰性の高い順に並べると共同正犯，教唆犯，従犯の順になる。したがって，共同正犯と教唆犯では，軽い教唆犯の範囲で重なり合いが認められるし，教唆犯と従犯とでは軽い従犯の範囲で重なり合いが認められることになる。

　よって，さきの例で，甲には軽い従犯の範囲内での故意が認められることになる。

　最後にいくつか判例をあげておこう。

[判例]
① 窃盗の意思で見張りをした者は，共犯者の意思が初めから強盗であって，その結果が実現された場合でも，窃盗既遂の責任を負うにとどまる（最判昭 23.5.1）。
② 甲が乙と恐喝の共謀をしたのに，乙が共謀の範囲を超えて強盗をした場合，甲は 38 条２項によって恐喝罪の責任を負うべきである（最判昭 25.4.11）。
③ 暴行，傷害を共謀した共犯者中の一人が殺人を犯したときは，殺意のなかった他の共謀者には，殺人罪の共同正犯と傷害致死罪の共同正犯との構成要件の重なり合う限度で軽い傷害致死罪の共同正犯が成立する（最決昭 54.4.13）。
④ 強盗の共謀者の一人が，財物奪取の手段として被害者に暴行を加え，傷害を与えたときは，共犯者全員が強盗傷人罪の罪責を負う（最判昭 22.11.5）。

---

⑤　暴行を教唆した者は，その結果たる傷害致死についても責めを負う（大判大13.4.29）。

⑥　甲方に対する住居侵入窃盗を教唆したところ，それによって，被教唆者が乙方に対する住居侵入強盗をした場合には，教唆者は住居侵入窃盗の教唆の罪責を負う（最判昭25.7.11）。

⑦　虚偽公文書作成罪の共謀をしたところ，共謀者の一人が他の共謀者にはかることなく公文書偽造教唆の手段で目的を達成した場合，他の共謀者も公文書偽造教唆罪の責任を負わなければならない（最判昭23.10.23）。

⑧　正犯者が被害者に傷害を加えるかもしれないと認識しつつあいくちを貸与したところ，正犯者が被害者を殺害したときは，貸与者は傷害致死罪の従犯の責任を負う（最判昭25.10.10）。

⑨　重傷で入院していた被害者の親族Ｘが，被害者を退院させて（親族に殺意はない），シャクティパットなる治療を行うＹの手当に委ねたところ，Ｙは，その生命が危険な状態であり，自己の治療では治る見込みのないことを知りながら病院に搬送せずに放置し，死に至らしめた（被告人に殺意あり）。この場合，Ｙには，不作為による殺人罪が成立し，殺意のないＸとの間では保護責任者遺棄致死罪の限度で共同正犯となる（最決平17.7.4，シャクティパット事件）。

3.　共犯と中止・離脱

（1）問題の所在

　共犯者の一人が翻意し，犯罪遂行を中止した場合，それ以降に生じた事態について中止者に刑事責任が成立するか。正犯の構成要件該当性判断において，実行行為と結果との間に因果関係が必要なのと同様に，共犯の構成要件該当性判断においても共犯行為と結果との間に因果関係が必要である。そこで共犯からの離脱ではまず，そのような因果関係があるかが問題になる（**共犯関係からの離脱**）。つぎに，結果との因果関係がなく，未遂犯が成立する場合には，有責性判断のレベルで中止未遂の成否が問題になる（**共犯と中止犯**）。

（2）共犯関係からの離脱

①　着手前の離脱

　共同正犯者Bが実行行為に着手する前にAが離脱した場合に，Aが未遂や既遂を免れるには，共同正犯者Bの実行の着手や結果発生と因果関係が切断されたことが必要である。この場合，原則として他の共犯者の**離脱の了承**の有無が基準となる。通常は，これによって心理的因果性が切断されるからである。原則は離脱の了承だが，以下のように事案に応じて心理的因果性を判断することになる。

> [判例]
> 　Aは被害者が老人の一人暮らしであることを知らせ，家の見取り図をBに渡した。その後AはBの実行直前に自分が犯罪からおりることをBに電話で通告し，了承された。その後Bが強盗行為を行った。判例は，Aが与えた地図などが強盗の実行に単なる心理的なものを超えた強い影響を与えたとし，電話で通告し了承を受けたとしても，強盗罪の共同正犯とした（福岡高判昭28.1.12）。

②　着手後の離脱

　実行行為開始後，一部の関与者が離脱した場合は，すでに共犯行為が結果に結びついているから，他の関与者の了解を得た離脱では不十分である。たとえば共同正犯を基礎づける共謀・協力の効果がいったん消滅し，他の者が新たに自己の意思で実行したと認められるような**結果防止のための積極的行為**により，**因果性を遮断**することが必要である。

> [判例]
> 　AはBと被害者に暴行を加えようと共謀し，両名で竹刀で1時間にわたって殴打した後，Aはかわいそうになって「もう止めよう。俺は帰る」とBに告げて立ち去った後，Bがさらに木刀で殴打をつづけて死亡させた場合，Aが帰った時点では，Bにおいてなお制裁を加えるおそれが消滅していなかったのに，Aがこれを防止する措置を講じることなく，成り行きに任せて現場を立ち去ったにすぎない以上，共犯関係がその時点で解消したということはできない」として，Aに傷害致死の責任を認めた（最決平元.6.26）。

[判例] 侵害終了後追撃事件（最判平 6.12.6）
〈事案〉
　　相手方の侵害に対し，XY ら複数人が共同して防衛行為としての暴行に及び，相手方からの侵害が終了した後に，Y ら一部の者が追撃行為を行った。
〈判旨〉
　　侵害現在時における防衛行為としての暴行の共同意思から離脱したかどうかではなく，新たに共謀が成立したかを検討すべきであり，新たな共謀がない以上，追撃行為に及ばなかった X には正当防衛が成立する。

（3）共犯と中止犯

　これについては第 5 章第 2 節の共犯と中止犯の項を参照して欲しい。

∞∞∞ ポイント整理 ∞∞∞∞∞∞∞∞∞∞∞∞∞∞∞∞∞∞∞∞∞∞

1　身分とは男女の性別，内外国人の別，親族の関係，公務員たる資格のような関係のみならず，すべて一定の犯罪行為に関する犯人の人的関係である特殊の地位または状態を指称する。

2　真正身分犯とは，一定の身分がある者が主体となって初めて犯罪とされるものである。

3　不真正身分犯とは，身分がなくても犯罪とはなるが一定の身分があることによって刑に軽重の差があるものである。

4　判例は，65 条 1 項は真正身分犯の成立・科刑を規定したものであり，65 条 2 項は不真正身分犯の成立・科刑を規定したものであるとする。

5　65 条 1 項の「共犯」には，共同正犯，教唆犯，従犯のすべてを含む。

6　共犯における錯誤の処理は，単独犯における錯誤論を応用する。

7　共犯形式は，罪の重いほうから並べると，共同正犯，教唆犯，従犯の順になる。

8　離脱が認められるためには，他の共犯者の了承を得る必要がある。

Exercise

問題① 共犯に関する次の記述のうち，妥当なものはどれか。

1 公務員 A が非公務員 B を教唆して賄賂を収受させた。この場合 A は収賄罪の教唆犯とはならない。

2 A は B に対し C を殺害してくれるように教唆したが，B は誤って D を殺害してしまった。この場合 A は殺人罪の教唆犯とはならない。

3 A は B から C を殺してくれるように哀願されたため，C を殺した。この場合 B は殺人の教唆犯とはならない。

4 A・B は共同で，C から金品を強取しようとした。その際，A は C に哀願されたため，後悔してその場を立ち去ったが，B は強盗を実行した。この場合 A は強盗罪の共同正犯である。

5 A・B は共同して C に切りつけこれを殺した。A は殺意をもっていたが，B は傷害のつもりだった場合，B は殺人の共同正犯である。

解説

1 誤。65 条1項で，収賄罪の教唆犯となる。

2 誤。方法の錯誤であり，同一構成要件内の錯誤であるから故意を阻却しない。したがって A は殺人の教唆犯となる。

3 誤。教唆の方法は問わない。たとえ哀願であっても，人をして犯意を生じさせる行為は教唆にあたる。

4 妥当な記述である。C に哀願されたとある以上，すでに強盗の実行着手はあると思われる。したがって，少なくとも強盗未遂の限度では A は責任を負う。また，A は後悔して自分だけ立ち去ったにすぎない。かかる場合には他の共犯者との関係が切れてない以上，他の共犯者の行為の結果について責めを負わねばならない。

5 誤。B は傷害の故意しかない。したがって，傷害の故意で殺人の結果を生じさせている以上，両罪の実質的な重なり合いが認められる傷害致死罪の限度で共同正犯となる。

解答 4

問題② 刑法65条2項は「身分によって特に刑の軽重があるときは，身分のない者には通常の刑を科する」と規定しているが，次のAの行為で通常の刑が科せられるものとして妥当なものはどれか。

1 Aは弁護士Bを教唆して，Bが職務上知ったCの秘密をBから聞きだした。

2 AはBの息子Cを教唆して，Bが知人から預かっていた宝石をCに盗ませた。

3 Aは自己の刑事被告事件の証人であるBを教唆して，法廷でBに偽証させた。

4 Aは，Bが車で人をはね重傷を負わせた現場に通りかかったが，Bを教唆してこれを逃走させた。

5 Aは公務員BとともにC宅へ行き，Bの職務上の不正行為の報酬としてCから共同で金品を受領した。

• •

解説

65条2項が適用される場面を，判例は不真正身分犯に加功した場合と解しており，本問ではかかる場合を選べばよい。

1 誤。AがBに教唆したのは秘密漏示罪であるが，秘密漏示罪廃止や弁護士などの身分があって初めて成立する真正身分犯である。したがって，65条1項が適用される場合である。

2 誤。単なる窃盗罪であり身分とは関係がない。なお，Cについては親族相盗例によって刑が免除されるが，親族でないAについては何の影響もない（244条3項）。

3 誤。偽証罪は真正身分犯の典型であり，本肢は65条1項の適用される領域である。

4 妥当な記述である。Bは道交法上の救護義務により被害者を保護すべき地位にあるから，Bの罪は保護責任者遺棄罪である。保護責任者遺棄罪は，保護者という身分を有することによって刑が加重される不真正身分犯であるから，本肢が65条2項を適用する事案といえる。

5 誤。収賄罪は真正身分犯の典型であり，本肢では65条1項が適用される。

解答　**4**

第**7**章

罪数論

本章では罪数論を学習します。罪数論は試験対策としてはあまり重要ではありませんが，小問の1つとして問われることもあるので基本的理解はしておきましょう。

1 罪数論

罪数については，その意義，基本概念を理解しておけば十分です。

1. 意 義

　罪数論とは，おこなわれた犯罪が一罪か数罪か，すなわち，**犯罪の単複・個数を決定する基準・方法に関する理論**をいう。

　犯人が，1つの罪を犯したときは，その罪の法定刑に必要な修正を加えて刑を宣告すればよいが，複数の罪を犯した場合には，実体的に犯罪競合となり，訴訟的にも判決効が一罪の範囲にある犯罪事実全体に及ぶため，その犯罪の罪数が問題となるのである。

　そこで，罪数決定の基準が問題となるが，基準の明確性・具体的妥当性から，**構成要件の充足回数によって決定する構成要件標準説**が判例・通説となっている。

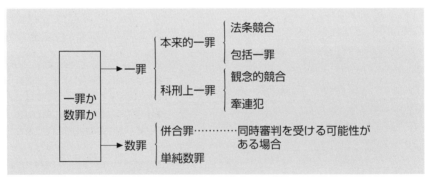

[図1　罪数論のフローチャート]

2. 本来的一罪

　犯罪が明らかに1つの構成要件しか充足しない場合（一行為・一結果）は，その犯罪のみが成立することに問題はない。

　しかし，犯罪が複数成立するようにみえる場合でも，必ず，複数の罪が成立するわけではない。このような場合に一罪のみが成立することを本来的一罪という。

　本来的一罪には，法条競合，包括一罪がある。

（1）法条競合

　法条競合とは，**一個の法益侵害が，数個の構成要件に該当するようにみえるが，構成要件相互の論理関係から一個の罰条が適用される場合**をいう。

　これには，特別関係・択一関係・補充関係・吸収関係がある。

① 特別関係

　たとえば，森林窃盗（森林法197条）と窃盗罪のように，一般規定と特別規定の関係にある場合で，特別法は一般法に優先するという法原則から，特別罪のみが成立する場合である。

② 択一関係

　たとえば，横領罪と背任罪のように，一方が成立すれば他方は成立しないという関係にある場合で，いずれか一方の犯罪のみが成立する。これは，厳密には法条が競合しない場合である。

③ 補充関係

　たとえば，傷害罪と暴行罪のように一方が成立しない場合に初めて他方が問題となる場合をいい，傷害罪が成立しない場合に初めて暴行罪が成立する。基本法は補充法を破るのである。

④ 吸収関係

　たとえば，殺人罪と殺人未遂のように，数罪の論理関係上一方が他方に吸収される場合をいう。

（2）包括一罪（最広義）

包括一罪とは，実際上行為・結果が複数存在するにもかかわらず，実質的一体性ゆえに一罪と評価される場合である。これには，包括一罪（広義）と吸収一罪がある。

① 包括一罪（広義）

数個の構成要件を充足するが包括的に評価して一罪とする場合であり，接続犯，包括一罪（狭義），連続犯，集合犯がある。

接続犯とは，時間的場所的にみて接続した数個の同種の行為を全体として包括的に評価すれば足りる場合であり，たとえば，2時間の間に同一倉庫から3回の窃盗をした場合等がある（最判昭24.7.23）。

包括一罪（狭義）とは，同一罰条のなかに数個の行為態様が規定されているときに，数個の行為に該当しても包括的に評価すれば足りる場合であり，たとえば，賄賂を要求・約束・収受した場合には一個の収賄罪となる。

連続犯とは，個別にみると独立する数個の犯罪の犯意・場所・被害法益などが同一ないし類似のため，一罪として処断するのが適当な場合であり，たとえば，会計係が保管する金銭を1カ月の間に少しずつ着服した場合などである。

集合犯とは，構成要件の性質上，同種の行為が反復されることを予定している犯罪で，同種の行為が反復されても一罪となる場合であり，たとえば，常習賭博罪，猥褻文書販売罪等については，同種の行為が繰り返されても一個の常習賭博罪，猥褻文書販売罪となる。

② 吸収一罪

軽い罪が吸収され重い罪だけが適用される場合であって，たとえば，ナイフで人を刺して殺害した場合の殺人と衣服に対する器物損壊がこれにあたる。

3. 科刑上一罪

本来的一罪にならない場合には数罪が成立するが，刑罰を科するに際して一罪として扱われる場合があり，これを科刑上一罪という。

科刑上一罪とは，実質的数罪であるにもかかわらず，処罰の一回性という刑

罰適用上の考慮から科刑上は一罪として扱われる場合である。これには，観念的競合と牽連犯がある（54条）。

（1）観念的競合

一個の行為で数個の罪名に触れる場合であって，たとえば，1個の爆弾で5人を殺した場合がこれにあたる。行為が一個であるかどうかは，「法的評価を離れ構成要件的観点を捨象した自然的観察の下で，行為者の動態が社会的見解上一個のものと評価できる場合」をいう（最大判昭49.5.29）。

さきの爆弾の例のように同種類の犯罪が重なる場合と，公務執行妨害と傷害罪のように異なる種類の犯罪が重なる場合がある。判例が認めた観念的競合の例としては，無免許運転と飲酒運転（最大判昭49.5.29），強姦致死罪（改正前）と殺人罪（最判昭31.10.25），殺人予備罪と住居侵入罪（大判明44.12.25）などがある。

（2）牽連犯

数個の罪が客観的に目的・手段，原因・結果の関係（改正前）にある場合であり，判例が認めたものとしては，住居侵入と窃盗・強盗・強姦（改正前）・殺人・傷害・放火の各罪（大判明45.5.23など），文書偽造と同行使・詐欺（大判大4.3.2など）などがある。

4. 併合罪

科刑上一罪として扱われない場合には，科刑上も数罪として扱われるが，その場合でも特殊な扱いがなされる場合がある。併合罪関係にある場合である。

併合罪とは，確定判決を経ない数罪，確定判決を経た罪とその確定前に犯した罪のように，同時に裁判を受ける可能性のある数罪について単一の刑を言い渡す場合のことをいう（45条以下）。

この場合には，法定の要件に従って処断刑が加重される場合があり（47条），有期刑については最大**30年**まで引き上げることが可能である（14条）。これは平成16年12月改正によるもので，従前は最大20年であった。

罪数論

ポイント整理

1 罪数論とは，犯罪の単複や個数を決める方法・基準に関する理論である。

2 一罪には，単純一罪・法条競合・包括一罪がある。

3 数罪にあたる場合でも，科刑上一罪として扱われる場合がある。

Exercise

問題　　併合罪，観念的競合及び牽連犯等に関するア～オの記述のうち，妥当なもののみをすべて挙げているのはどれか。

ア　併合罪とは，ある犯罪の手段としてなされた他の行為，又はある犯罪の結果として行われた他の行為が，別個の構成要件に該当する場合をいい，住居侵入罪と窃盗罪・殺人罪の各罪，私文書偽造罪と詐欺罪などが代表的なものである。

イ　観念的競合とは一つの行為が二個以上の罪名に触れる場合をいい，ひき逃げにおける道路交通法上の救護義務違反の罪と報告義務違反の罪は観念的競合になる。

ウ　酒に酔って無免許で運転をした場合，道路交通法上の酒酔い運転の罪と無免許運転の罪とは併合罪となるが，酒酔い運転中の交通事故により人を死亡させた場合，道路交通法上の酒酔い運転の罪と刑法上の業務上過失致死罪（改正前）とは観念的競合となる。

エ　牽連犯とは，確定裁判を経ていない二個以上の罪であり，科刑の点で特別の扱いがなされるが，殺人罪と死体遺棄罪，監禁罪と傷害罪がその例である。

オ　偽造通貨を行使して財物を詐取した場合には，偽貨の行使には通常詐欺的事態が伴うこと等の理由により，詐欺罪は偽造通貨行使罪に吸収され，偽造通貨行使罪のみが成立する。

1　ア，イ

2　ア，ウ

3　イ，オ

4　ウ，エ

5　エ，オ

（労基平 19）

罪数論

解説

ア　誤。併合罪とは，確定裁判を経ていない2個以上の数罪をいう（45条）。数個の犯罪が手段と目的又は原因と結果のような関係にある場合は牽連犯であって（54条1項後段），住居侵入罪と窃盗罪・殺人罪の各罪（大判明45.5.23，大判明43.6.17），私文書偽造罪と詐欺罪（大判明42.1.22）等は，牽連犯の代表的なものとされている。

イ　妥当な記述である。観念的競合とは，1つの行為が2個以上の罪名に触れる場合をいう（54条1項前段）。判例は，ひき逃げにおける道路交通法上の救護義務違反の罪と報告義務違反の罪は，観念的競合であるとしている（最大判昭51.9.22）。

ウ　誤。判例は，観念的競合における「一個の行為」とは，法的評価を離れて構成要件的観点を捨象した自然的観察のもとで，行為者の動態が社会的見解上1個のものとの評価を受ける場合をいうとして，無免許運転と酒酔い運転は観念的競合，酒酔い運転とその運転中の業務過失致死（改正前）は併合罪とした（最大判昭49.5.29）。

エ　誤。牽連犯とは，数個の犯罪が手段と目的，または原因と結果のような関係にある場合をいう（54条1項後段）。確定裁判を経ていない二個以上の罪は併合罪であり（45条），殺人罪と死体遺棄罪（大判明44.7.6），監禁罪と傷害罪（最決昭43.9.17）は，いずれも併合罪の関係にあるとしている。

オ　妥当な記述である。判例は，偽造通貨行使罪と詐欺罪の罪数関係について，詐欺罪は行使罪に吸収されるとしている（大判明43.6.30）。偽造通貨行使罪の構成要件は，詐欺罪を予定していると解すべきであり，また，偽造通貨収得後知情行使罪の法定刑との均衡が主な理由とされている。

以上より，妥当な肢はイとオであり，正解は**3**となる。

解答　**3**

第8章

個人的法益に対する罪

本章から刑法各論の学習に入ります。刑法各論では，個別的な各犯罪の構成要件の確定をおこないます。生命身体に対する罪，自由・名誉などに対する罪，個人の財産に対する罪（財産犯）について，基本的事項を中心に理解していきましょう。

生命・身体に対する罪

刑法各論では，個別的な各犯罪の構成要件の確定をおこないますが，本章では，個人的法益の一つである生命身体に対する罪の学習をします。

1. 刑法各論

　本章から刑法各論の学習をする。**刑法各論**とは，殺人罪，窃盗罪といった各個別の犯罪について，その構成要件を確定することを目的としている。すなわち，各犯罪の成立要件を明らかにすることを目的としているのである。

　具体的には，刑法各論の学習は，刑法 77 条以下の各条文の解釈ということに尽きる。

　その学習のポイントは，刑法上の各罪は，それぞれなんらかの法益を保護するために規定されているものであるから，**各条文に規定された罪が，何を保護法益としているのかを理解し，その観点から構成要件，おもに主体，客体，行為，結果，主観的要件等を確定すること**である。

　保護法益は通常，個人の生命・身体・自由・財産などの**個人的法益**，社会の安全や健全な風俗などの**社会的法益**，国家の存立や各種制度の安定などの**国家的法益**に三分されるが，ここではまず，個人的法益の代表である個人の生命・身体を保護法益とする罪について学習する。

　なお，**凶悪犯罪の重罰化**を目的として，平成 16 年 12 月の刑法改正により，有期刑（懲役・禁錮）の上限が 15 年から **20 年**に引き上げられ（12 条，13 条），併せて重大犯罪の法定刑も見直された。**強盗致傷罪のみ法定刑が引き下げられている**が，これは情状酌量（66 条）などを理由とした執行猶予判決（25 条）の言渡しを可能にするためである。

〈表 1　各犯罪の法定刑の見直し〉

犯罪規定	改正前	改正後
殺人罪	死刑，無期または3年以上の懲役	死刑，無期または**5年**以上の懲役
傷害罪	10年以下の懲役または30万円以下の罰金	**15年**以下の懲役または**50万円**以下の罰金
傷害致死罪	2年以上の有期懲役	**3年**以上の有期懲役
強制わいせつ罪	6カ月以上7年以下の懲役	6カ月以上**10年**以下の懲役
強制性交等罪	2年以上の有期懲役	**3年**以上の有期懲役
強盗致傷罪	無期または7年以上の懲役	無期または**6年**以上の懲役

2. 生命・身体に対する罪

　生命・身体に対する罪とは，**個人の生命・身体を保護法益とする罪**の総称であるが，具体的には，殺人罪，傷害罪，過失致死傷罪，堕胎罪，遺棄罪がこれにあたる。

　この分野からの過去の出題は少ない。したがって，本節では，殺人罪を中心に各犯罪の特徴のみを述べるにとどめる。

（1）殺人罪

【殺人罪】
[199条] 人を殺した者は，死刑又は無期若しくは5年以上の懲役に処する。
[201条] 第199条の罪を犯す目的で，その**予備**をした者は，2年以下の懲役に処する。ただし，情状により，その刑を免除することができる。
[202条] 人を教唆し若しくは幇助して自殺させ，又は人をその嘱託を受け若しくはその承諾を得て殺した者は，6月以上7年以下の懲役又は禁錮に処する。
[203条] 第199条及び前条の罪の未遂は，罰する。

① **殺人罪**

1）保護法益

殺人罪の保護法益は，いうまでもなく人の生命である。

2）成立要件

殺人罪の成立要件は，故意をもって他人を殺害することである。

その方法は問わない。たとえば，厳寒の深夜，酩酊しかつ暴行を受けて衰弱している被害者を河川堤防上に連行し，未必の故意をもってその上着，ズボンを脱がせたうえ，脅迫的言動を用いて護岸際まで追いつめ，逃げ場を失った被害者を川に転落するのをやむなきに至らせ，溺死させた行為は殺人罪にあたる（最決昭59.3.27）。

他人とは，犯人以外の自然人をいう。胎児が，いつ「人」になるかについては争いがあるが，直接加害行為が可能となる母体からの身体の**一部露出**に基準を求めるのが判例・通説である（大判大8.12.13.）。

［図1　判例・通説の考え］

承諾殺人・自殺関与罪（202条）との関係で，いわゆる心中の処断が問題となるが，追死の意思がないにもかかわらず，あるかのように偽って自殺させた者については殺人罪が認められる（最判昭33.11.21）。

もちろん，無理心中は殺人罪である。また，本心から心中しようとして生き残った者には自殺関与罪・承諾殺人罪が認められる可能性がある。

死亡の意味を理解しえない高度の精神障害者を自殺させるような場合も，被害者を道具に用いた間接正犯として殺人罪となる（最決昭27.2.21）。

② 承諾殺人・自殺関与罪

被害者に生命放棄の意思があることにかんがみて軽く処罰されている。

承諾は，被害者の任意，かつ，真意にでたものであることを要するから，犯人の欺罔行為に基づく場合には承諾があったとはいえない（最判昭 33.11.21）。また，自殺のなんたるかを理解する能力を有しない 5 年 11 カ月の幼児は承諾能力を有しない（大判昭 9.8.27）。

(2) 傷害罪

> 【傷害罪】
>
> [204条] 人の身体を**傷害**した者は，15 年以下の懲役又は 50 万円以下の罰金に処する。
>
> [205条] 身体を傷害し，よって人を死亡させた者は，3 年以上の有期懲役に処する。
>
> [206条] 前二条の犯罪が行われるに当たり，現場において勢いを助けた者は，自ら人を傷害しなくても，1 年以下の懲役又は 10 万円以下の罰金若しくは科料に処する。
>
> [207条] 二人以上で**暴行**を加えて人を傷害した場合において，それぞれの暴行による傷害の軽重を知ることができず，又はその傷害を生じさせた者を知ることができないときは，共同して実行した者でなくても，**共犯の例による。**
>
> [208条] 暴行を加えた者が人を**傷害するに至らなかった**ときは，2 年以下の懲役若しくは 30 万円以下の罰金又は拘留若しくは科料に処する。
>
> [208条の2] 二人以上の者が他人の生命，身体又は財産に対し共同して害を加える目的で集合した場合において，凶器を準備して又はその準備があることを知って集合した者は，2 年以下の懲役又は 30 万円以下の罰金に処する。
>
> [〃 ②] 前項の場合において，凶器を準備して又はその準備があることを知って人を集合させた者は，3 年以下の懲役に処する。

① **傷害罪**

傷害罪の保護法益は，人の身体である。

傷害罪の成立要件は，人の身体を傷害することである。

傷害の意味については争いがあるが，**生理的機能を障害**することであると解されている。

傷害罪については，傷害の故意ある場合（故意犯）に成立するのはもちろんのこと，**暴行の故意で傷害の結果が発生**した場合（いわゆる結果的加重犯）も含むとされる。

② **傷害致死罪**

傷害罪の結果的加重犯である。傷害の故意があるが死の結果については故意がない場合，および暴行の故意はあるが死の結果について故意がない場合に成立する。

（3）過失致死傷罪

【過失致死傷罪】

[209条] 過失により人を傷害した者は，30万円以下の罰金又は科料に処する。

[〃 ②] 前項の罪は，告訴がなければ公訴を提起することができない。

[210条] 過失により人を死亡させた者は，50万円以下の罰金に処する。

[211条] 業務上必要な注意を怠り，よって人を死傷させた者は，5年以下の懲役若しくは禁錮又は100万円以下の罰金に処する。重大な過失により人を死傷させた者も，同様とする。

過失致死傷の罪は，過失によって個人の生命・身体を侵害する罪であり，その保護法益は，人の生命・身体である。

成立要件は，過失によって人を死傷させることであって，過失が重大な場合（重過失）や，業務者の場合には刑が加重されている。

平成18年改正により211条の罰金刑が50万円以下から100万円以下に引き上げられた。

また，平成19年改正により，最高刑が懲役7年となる「自動車運転過失致死傷罪」が新設されたが，平成25年の自動車運転致死傷処罰法の成立に伴い，

刑法典から同法に移されることになった。

（4）その他

　生命・身体に対する罪には，このほか堕胎罪（212条以下），遺棄罪（217条以下）がある。

　堕胎罪は，妊娠中の女性の自然の分娩期に先立って，胎児を母体外へ排出する犯罪であり，**遺棄罪**は，保護を要する者を保護しないことにより生命・身体に対する危険を発生させる犯罪である。

個人的法益に対する罪

ポイント整理

1　刑法各論では各犯罪の保護法益に即して構成要件を確定する。

2　保護法益

　①個人的法益……個人の生命，身体，自由，財産など

　②社会的法益……公共の安全，社会の秩序，健全な風俗など

　③国家的法益……国家の存立，国家的制度の安定など

3　殺人罪は個人の生命を保護法益とする罪である。

4　追死の意思がないにもかかわらず，あるかのように偽って自殺させた者については，殺人罪が認められる。

5　死亡の意味を理解しえない高度の精神障害者を自殺させるような場合も，殺人罪となる。

6　傷害罪は，個人の身体を保護法益とする罪である。

7　過失致死傷罪は，過失で個人の生命・身体を侵害する罪である。

8　堕胎罪は，胎児および母親の生命・身体に対する危険を生ぜしめる罪である。

9　遺棄罪は，保護を要する者の生命・身体に危険を生ぜしめる罪である。

Exercise

問題　AはBの家に行き，別れ話を持ちかけたが，Bは納得せずAに一緒に死んでと言った。そこでAは，一緒に死ぬ気がないにもかかわらず，毒を飲むと言って毒薬をBに渡した。BはAが一緒に死んでくれるものと誤信し，先に毒薬を飲んで死亡したが，Aは飲まなかった。

この事例に関するAの罪状として，妥当なものはどれか。

1　無罪

2　自殺関与罪

3　殺人未遂罪

4　詐欺罪

5　殺人罪

....

解説

　本問では，Bは自殺の決意をし自殺をしているから，Aの罪状としては自殺関与罪と思いがちであるが，Bの自殺の決意はAの追死を信じてである以上，その意思決定過程に重大な瑕疵がある。そこで判例は，このような場合には被害者の行為を利用した殺人罪の間接正犯を認めている。したがって，正解は**5**になる。

解答　5

重要度

★★☆

2 自由・私生活の平穏・名誉・信用に対する罪

本節については，名誉毀損罪を中心に，各犯罪の特徴をとらえてお くだけで十分でしょう。

1. 自由に対する罪

本章では，生命・身体に次ぐ個人的法益である自由・私生活の平穏・名誉・信用に対する罪を扱うが，まず自由には，**意思決定の自由，身体活動の自由，性的自由**などがある。以下，それぞれに対する侵害を内容とする諸犯罪について簡単に説明する。

（1）意思決定の自由に対する罪

人が人間らしく生きるためには，意思決定の自由が確保されていなければならない。そこで刑法は，個人の意思決定の自由に対する侵害を防止するために，脅迫罪（222条），強要罪（223条）を規定した。

脅迫罪とは，被害者またはその**親族**の生命・身体・自由・名誉・財産に対し害を加えるべきことをもって人を脅迫することで成立する犯罪である。

脅迫罪は，人の意思決定の自由に対する侵害の危険を防止するために規定されているが，脅迫とは，**人を畏怖させるに足りる害悪を告知**することである。人を畏怖させるに足りるかどうかは，諸般の事情を考慮して客観的に判断されなければならない。

判例は，村八分を名誉に対する害悪の告知として脅迫罪を認める（大判昭9.3.5）。

強要罪は，被害者またはその**親族**の生命・身体・自由・名誉・財産に対して害を加えることをもって脅迫し，または暴行を用いて，人に義務なきことをおこなわせ，またはおこなうべき権利を妨害した場合に成立する。

強要罪は，人に一定の作為・不作為を要求することを内容とするから，意思決定の自由のみならず，身体活動の自由も保護法益とする。

159

（2）身体活動の自由に対する罪

人々の生活が平穏に維持されるためには，個人の身体活動の自由が保護されている必要がある。そこで刑法は，個人の身体活動を脅かす逮捕・監禁や誘拐を防止するために，逮捕罪・監禁罪（220 条），略取・誘拐及び人身売買罪（224 条以下）を規定する。なお，平成 18 年改正により逮捕・監禁罪及び未成年者略取・誘拐罪の法定刑の上限が懲役 5 年から 7 年に引き上げられた。

まず，**逮捕罪・監禁罪**は，身体活動の自由を直接侵害することを内容とする。逮捕と監禁の違いは，逮捕が直接身体を拘束する場合であるのに，**監禁は，一定の場所からの脱出を不可能**にすることで間接的に身体活動の自由を侵害するところにある。たとえば，バイクを高速で走らせ，荷台から降りられなくすることなどは監禁罪になる（最決昭 38.4.18）。

なお，両者とも**継続犯**であり，ある程度の時間的継続を必要とする。

略取・誘拐の罪は，人をその保護された環境から離脱させて，行為者または第三者の実力支配内に移すことで，個人の身体活動の自由を侵害する罪である。客体が未成年者の場合には目的を問わないが，成年者の場合には一定の目的がある場合に略取・誘拐罪が成立する。

（3）性的自由に対する罪

性的自由も重要な法益である。これを保護するために刑法は，**強制わいせつ罪**（176 条），**強制性交等罪**（177 条）を規定する。たとえば痴漢行為が前者にあたり，レイプが後者にあたる。

なお，強制わいせつ罪の成立要件の解釈に当たっては，被害者の受けた性的被害の有無やその内容，程度に目を向けるべきであり，故意以外の性的意図を一律に強制わいせつ罪の成立要件とするのは相当ではないとする判例が近時，登場している（最大判平 29.11.29）。

2. 私生活の平穏に対する罪

家庭や，住居，秘密など，いわゆるプライバシーに関する領域を侵害される

ことは，私たちの私生活を脅かし，人間らしい生活を送ることを困難にする。

　そこで，刑法は，かかる個人の私生活，プライバシーに関する侵害を防止するために住居侵入罪・不退去罪（130条），信書開封罪（133条），秘密漏示罪（134条）を規定する。

　住居侵入罪の保護法益については争いがあるが，**判例は居住権者の住居権**と考えている（最判昭58.4.8）。住居侵入罪は，住居権者の意思に反する侵入行為によって成立する。

〈表2　住居侵入罪の保護法益〉

	旧住居権説	平穏説	新住居権説 （現在の判例）
主張	保護法益は，家父長権を基本とした住居権。 130条前段の「侵入」とは，住居権者である家父長の意思に反する立入りのこと。 かつての判例（大判昭14.12.22等）。	保護法益は，住居の平穏。 130条前段の「侵入」とは，住居の平穏を害する態様の立入りのこと。	保護法益は，住居権。130条前段の「侵入」とは，居住者の意思に反する立入りのこと（最判昭58.4.8，最決平19.7.2）。
批判	住居権の内容が不明確。 住居権者を家長とするのは現行憲法の理念に反する。	住居の平穏の内容が抽象的。 平穏の概念は社会の平穏と結び付きやすく，住居侵入罪を個人的法益とすることと相容れない。 行為態様，目的を重視するのは行為無価値的。	住居権の内容が不明確。誰が住居権者かが問題となってしまう。
結論	家長の意思に反しており，住居侵入罪が成立（大判昭14.12.22等）。	平穏な態様での立入りであり，違法目的が顕在化して住居の平穏を害さない限り住居侵入罪は否定されると解される。	管理権者の意思に反していないことを重視すれば，住居侵入罪は否定されうる。

個人的法益に対する罪

［判例］立川基地立入事件　　　　　　　　　　　　　（最判平 20.4.11）

〈事案〉

　　反戦活動を行っていた X らが，「自衛隊イラク派兵反対」などと記載したビ
ラを投函するため，当時の防衛庁立川宿舎の共用部分に立ち入った。

〈判例〉

　　刑法 130 条前段に言う「侵入し」とは，他人の看守する邸宅等に管理権者
　の意思に反して立ち入ることを言うが，X らの行為は，管理権者の意思に反
　するものであったことは明らかで，被害届が出されていることから法益侵害
　の程度が軽微であったとはいえないとして，住居侵入罪の成立を認めた。

　不退去罪は，適法にまたは故意なく他人の住居に侵入した者が，住居権者か
ら退去を求められても退去しない場合に成立する。

　信書開封罪は，他人の封をしてある信書を勝手に開ける罪であり，**秘密漏示
罪**は，一定の身分にある者が職務上知った他人の秘密を漏らす罪である。

3. 名誉・信用に対する罪

　私たちは他からの社会的評価を基礎に，いろいろな社会生活上の活動をして
いる。この社会的評価を害されることは，それらの諸活動の支障となり，人は
十分な社会生活を送れなくなるおそれがある。そこで，社会的評価の代表であ
る**名誉や信用**に対する侵害を防止するために，刑法は，**名誉毀損罪**（230 条），
侮辱罪（231 条），**信用毀損罪**（233 条），**業務妨害罪**（233 条・234 条）を規定
する。

　名誉毀損罪については過去に出題され，必須の論点であるから，以下にまと
めておく。

（1）名誉毀損罪

【名誉毀損罪】

　［230 条］公然と**事実を摘示**し，人の名誉を**毀損**した者は，その**事実の有無
　にかかわらず**，3 年以下の懲役若しくは禁錮又は 50 万円以下の罰

162

金に処する。

[　〃　②] **死者**の名誉を毀損した者は，**虚偽**の事実を摘示することによっ
てした場合でなければ，罰しない。

[230条の2] 前条第一項の行為が**公共の利害**に関する事実に係り，かつ，そ
の目的が専ら**公益を図る**ことにあったと認める場合には，事実の
真否を判断し，**真実であることの証明**があったときは，これを**罰
しない。**

[　〃　②] 前項の規定の適用については，公訴が提起されるに至って
いない人の犯罪行為に関する事実は，公共の利害に関する事実と
みなす。

[　〃　③] 前条第一項の行為が公務員又は公選による公務員の候補者
に関する事実に係る場合には，事実の真否を判断し，真実である
ことの証明があったときは，これを罰しない。

[231条] 事実を摘示しなくても，公然と人を侮辱した者は，拘留又は科料
に処する。

① **保護法益**

本罪の保護法益は，人の名誉である。名誉の意味については争いがあるが，
人に対する社会的評価（外部的名誉）であると解するのが判例・通説である
（大判昭 8.9.6）。なお，信用毀損罪（233 条）が別に規定されていることから，
人の支払い能力や支払い意思のような**経済的評価は本罪の保護法益には含まれ
ない。**

[図2　名誉毀損罪の例]

② **成立要件**
1）客体

　人の名誉である。「名誉」とは人に対する社会的評価である。社会的評価が真実に合致している必要はなく，**虚名でも保護される**。「人」とは，行為者以外の他人であれば，**幼児や法人でもかまわない**。ただし特定している必要がある（大判大 15.3.24）。

2）行為

　公然と事実を摘示して人の名誉を毀損することである。

　「**公然**」とは，**不特定または多数人の認識しうる状態**をいう（大判昭 6.6.19）。なお，判例は**伝播可能性**がある場合には特定少数者に対して告げた場合であっても公然性を認めている（最判昭 34.5.7）。

　「**事実を摘示して**」とは，**他人の社会的評価を低下させるに足りる具体的事実を告げること**をいう。事実は，真実でも虚偽のものでもかまわない（ただし真実の場合には，230 条の 2 で違法阻却される場合がある）。公知の事実でも本罪が成立する（大判昭 9.5.11）。

　名誉を「**毀損**」するとは，**人の社会的評価を低下させる危険を生じさせること**で，現に低下したかどうかは問わない（大判昭 13.2.28）。

3）故意

　本罪も故意犯であるから，公然と人の名誉を毀損する事実を告げることを認識・認容していることを要する。

③ **違法性阻却**

　名誉毀損罪には，**表現の自由（憲法 21 条）との調和**の点から，摘示された事実が公共の利害にかかり，もっぱら公益を図る目的であった場合に，その事実が真実であることが証明されれば違法性が阻却される特別規定がある（230 条の 2）。なお，事実の真実性が証明できなかった事案については，判例（最大判昭 44.6.25）参照。

④ **死者の名誉毀損**

　死者に対する関係でも名誉毀損罪は成立するが，正当な歴史に対する評価をするためには批判が不可欠であることから，**虚偽の事実を摘示した場合に限られている**（230 条 2 項）。

（2）侮辱罪

　侮辱罪は，**事実を摘示しないで**人の社会的地位を軽蔑する抽象的判断（「バカ」「能なし」など）を公然と発表することによって成立する。事実の摘示の有無が名誉毀損罪との違いである。なお，真実性の証明による違法阻却は認められない。

（3）信用毀損罪・業務妨害罪

　信用毀損罪とは，人の経済的な支払い能力や支払い意思に関する社会的評価を，虚偽のうわさを流したり，だましたりして侵害する罪である。

　業務妨害罪は，虚偽のうわさや，**威力**を用いて人の業務を妨害する罪である。

◈◈◈ ポイント整理 ◈◈◈

1　名誉毀損罪の保護法益は，人の外部的名誉，すなわち社会的評価である。

2　信用毀損罪があるので，経済的評価は名誉毀損罪の保護法益には含まれない。

3　社会的評価が真実に合致している必要はなく，虚名でも保護される。

4　人の名誉の「人」は行為者以外の他人であれば，幼児や法人でもかまわない。

5　「公然」とは，不特定または多数人の認識しうる状態をいう。

6　名誉を「毀損」するとは，人の社会的評価を低下させる危険を生じさせることで，現に低下したかどうかは問わない。

7　名誉毀損罪には，その事実が真実であることが証明されれば違法性が阻却される特別規定がある。

8　死者に対する名誉毀損罪は，虚偽の事実を摘示した場合に限られている。

Exercise

問題① 名誉毀損に関する次の記述のうち，妥当なものはどれか。

1 名誉の主体に自然人は含まれるが，法人は含まれない。

2 死者の名誉を毀損するには，公然性のみで足りる場合もある。

3 この罪の成立には，被害者が名誉の内容たる価値を，人格の内部的価値として，現実に有することが必要である。

4 この罪の成立には，公然性のみならず，事実の摘示も必要である。

5 名誉毀損罪には，人の支払い能力に関する，社会的評価に対するものも含まれる。

....

解説

1 誤。名誉毀損罪にいう名誉は人の外部的名誉，すなわち人に対する社会的評価であるから人の名誉の「人」とは幼児や法人も含む。

2 誤。死者に対する名誉毀損罪は，公然と事実を摘示するだけでなく，その事実が虚偽のものであることが必要である。

3 誤。名誉毀損罪の名誉は人の外部的名誉，すなわち，人に対する社会的評価である。したがって，内部的価値ではない。

4 妥当な記述である。

5 誤。人の支払い能力などの経済的側面の社会的評価は信用毀損罪の対象であり，名誉毀損罪の対象からは除かれる。

解答 **4**

問題②　名誉毀損に関する次の記述のうち，妥当なものはどれか。

1 自然人のみならず法人に対しても，名誉毀損は成立しうる。

2 名誉毀損は，不特定かつ多数人に対して事実を摘示するものでなければ成立しない。

3 死者の名誉を害する行為は刑法上，罰せられない。

4 名誉毀損罪は，現実に被害者の社会的評価が低下したことが確認された時点で既遂となる。

5 名誉毀損罪は，虚偽の事実により名誉を侵害した場合のみ成立する。

┈┈

解説

1 妥当な記述である。名誉毀損罪にいう名誉は人の外部的名誉，すなわち人の名誉の「人」とは幼児や法人も含む。法人も名誉の主体となる。

2 誤。公然性とは，不特定または多数人の認識しうる状態をいい，不特定であれば少数でもよく，多数であれば特定していてもよい。

3 誤。死者の名誉毀損も，摘示された事実が虚偽のものであれば成立する。

4 誤。名誉毀損罪は危険犯であるから，人の社会的評価が低下されうる事実が摘示されれば既遂となる。

5 誤。名誉毀損罪の成立には事実が虚偽であることは要しない。事実が真実である場合には，そのことが証明されれば違法性が阻却される可能性があるだけである。

解答　1

個人的法益に対する罪

167

重要度

★★★

3 盗取罪

本節では，財産犯の全体像を学んだうえで，財産犯の中心である窃盗罪，強盗罪について基本的知識を身につけてください。財産罪は全体的に出題可能性が高いですが，特に窃盗罪，強盗罪は，本試験出題可能性が高く，手を抜くことは許されません。

1. 財産罪の全体像

　財産罪とは，個人の財産に対する侵害をその本質とする犯罪であり，具体的には**窃盗罪**，**強盗罪**，**詐欺罪**などがそのなかに含まれる。

　財産罪を侵害される財産の性質・行為態様により分類すると，その全体像は次のようになる。

●個別財産に対する罪（個別的な財産を侵害するもの）
・財物罪（特定の財物を侵害するもの）
― 奪取罪（占有侵害をともなうもの）
　盗取罪（被害者の意思に反して占有を侵奪するもの）
　　窃盗罪
　　不動産侵奪罪
　　強盗罪
　交付罪（被害者の瑕疵ある意思に基づいて占有を侵奪するもの）
　　詐欺罪
　　恐喝罪
― 非奪取罪（占有移転をともなわないもの）
　横領罪
　毀棄罪
　盗品等に関する罪
・利得罪（不法な利益を取得するもの）
　強盗利得罪
　詐欺利得罪
　恐喝利得罪
●全体財産に対する罪（全体としての財産状態を悪化させるもの）
　背任罪

［図3　財産罪の全体像］

2. 窃盗罪

【窃盗罪】
[235条]**他人の財物**を窃取した者は，窃盗の罪とし，10年以下の懲役又は
50万円以下の**罰金**に処する。
[235条の2]**他人の不動産**を侵奪した者は，10年以下の懲役に処する。

平成18年改正により罰金刑が導入された。経済力のある犯人による万引き
行為が増加しているためである。

（1）保護法益

窃盗罪は，他人の財物を**窃取**することで成立する犯罪である。日常用語でい
えば，泥棒である。

窃盗罪が何を保護法益とするものかについては，具体的には**窃盗犯人からの
取り戻しが窃盗となるか**（自救行為）をめぐって争いがある。

学説を整理すると以下のようになる。

〈表3 窃盗罪の保護法益〉

保護法益	取り戻しが構成要件に該当するか
占有自体保護	する
本権保護	しない
中間的立場	場合によってはする（しない）

判例は，トラックが譲渡担保に供され，その所有権は債権者に帰属したの
に，債務者が引き続いて占有中，債権者が勝手にそれを運び去った行為を窃盗
罪として，**占有自体が保護法益**との立場を採用している（最判昭35.4.26）。

（2）客　体

次に，窃盗罪の成立要件を説明する。窃盗罪は，「他人の財物」を「窃取」
することによって成立する。

まず，窃盗罪の客体は「**他人の財物**」である。

① 「他人の」

「他人の」とは，前述の保護法益についての判例の立場からは，**他人の占有に属する**という意味となる（大判大 4.9.10）。

ここに占有とは，事実上の支配があることをいい，具体的には，客観的な支配の事実と，主観的な支配の意思のあることを要する。

1）支配の意思

まず支配の意思について説明する。**支配の意思とは，財物を事実上支配する意思である**が，支配の意思は潜在的にあれば足りる。通常は，自分の実力支配内にある物については，積極的に支配を放棄する意思をもたないかぎり包括的に支配の意思が認められる（大判大 13.6.10）。たとえば，自宅内で紛失した物（大判大 15.10.8）や，留守中に届いた郵便物などについても占有は認められるのである。

また，事実上支配する意思があれば足りるので，**幼児や精神病者にも占有は認められる**。たとえば，幼児のおもちゃを盗っても窃盗罪なのである。

この点で問題となるのが，**死者に占有があるか**ということである。

判例によれば，人を殺害した後に物を盗る意思を生じた場合には，**殺害した者との関係では死亡直後は生前の占有が保護**される（最判昭 41.4.8）。

「直後」といえる期間は，殺害場所が野外の場合より，被害者が生前単身で住んでいた家屋内のほうがはるかに長時間になりうる（東京高判昭 39.6.8）。

なお，**殺害した者以外の者**が盗っても**占有離脱物横領**にしかならない。

2）支配の事実

次に，支配の事実について説明する。**支配の事実とは，事実上他人の実力支配内にあることをいう。したがって，現実に握持していなくとも，社会通念上財物を支配しているといえる場合には占有が認められる**（最判昭 32.11.8）。

たとえば，外出していても自分が排他的に支配する場所である自宅内に置いてある物は占有しているといえるし，飼い主の元に戻る習性を有している飼い犬などは占有が認められる（最判昭 32.7.16）。また，列車の網棚

に荷物を置いたまま食堂車で食事をとっている場合なども，網棚の物について占有が認められる。

　なお，一般人が自由に立ち入りでき，人の出入りの激しい電車の中など，だれにも排他的支配が成立してない場所に置き忘れた物は占有離脱物であるが，旅館に置き忘れた物は旅館の主人の排他的支配が及んでいるので，旅館の主人の占有に属する。

　窃盗罪の客体は他人の占有に属する物でなければならないから，行為者の占有に属する物については窃盗罪は成立しない（ただし242条は例外）。この場合には**横領罪**が成立する。この点で問題となるのが，店員に店内の商品についての占有があるかであるが，判例は，**単なる店員には占有はなく窃盗罪**となるとしている（大判大7.2.6，**支配人などには横領罪**が成立する）。また，包装された物を預かっている者には，**包装の全体を領得すれば横領罪であるが，中身だけを奪えば窃盗罪**が成立する（最決昭32.4.25）。

　財物を一時的に他人に渡した場合でも，その他人が占有補助者にすぎないような場合には占有は移転しない。たとえば，旅館が宿泊客に貸し出す丹前（防寒用の着物）などについては，その宿泊客は占有補助者にすぎず，宿泊客がそれを持って逃げれば窃盗罪となる（最決昭31.1.19）。

　共同で占有する物については，そのうちの一人が単独占有に移せば，窃盗罪が成立する（最判昭25.6.6）。

　なお，河川の砂利などには占有が認められないとするのが判例である（最判昭32.10.15）。

②　「財物」

　窃盗罪の客体は，他人の「**財物**」である。この財物の意義については，民法上は規定がある（民法85条）が，刑法上は規定がないため，電気や熱などのエネルギーをめぐって争いがある。この点については，民法上と同じく有体物に限るとの立場もあるが，**判例は，管理可能性の有無**をもって決すべきとし，**電気を財物に含めた**（大判明36.5.21　**管理可能性説**）。もっとも，現在は245条で電気は財物とみなされており，この争いはさして意味がない。

　次に，「**財物**」は，動産に限る（可動性）。これは別に不動産侵奪罪があるか

らである（235条の2）。

また，麻薬などのように法律上その所持を禁じられている，いわゆる**禁制品も財物**にあたる（最判昭26.8.9）。さらに，財物といえるためには保護に値するだけの価値を備えないといけないが，それは経済的な価値である必要はなく，被害者の主観的価値や，悪用されないといった消極的価値でもいい（大判明44.8.15，最決昭29.6.1）。

(3) 行　為

窃盗罪の行為は，「**窃取**」である。「**窃取**」とは，**相手方の意思に反して財物についての占有を移転する行為のうちで，暴行または脅迫を手段としないもの**をいう。ひそかに盗むか否かは問わない（最決昭32.9.5）。また，自動販売機などの機械から偽コインなどで財物を奪うのは窃盗となる。

実行の着手時期については，未遂犯の箇所でも述べたが，**物色時説**が判例の立場である。

既遂時期については，**占有取得時**，すなわち，相手方の実力支配内から自己または第三者の実力支配内に財物を移転した時である（最決昭31.6.19）。実際には，財物の性状などから具体的に決せられるべきである。たとえば，指輪などはポケットに入れたときに既遂となるのに対して，ある程度大きさのある物の場合には屋外に搬出したとき等に既遂となる。空き巣などの場合は，荷造りをして玄関まで運んだときに既遂になる。

(4) 主観的要件

窃盗罪も故意犯であるから，主観的要件として**故意**が必要なのはいうまでもない。判例は，故意に加えて，窃盗罪の主観的要件として不法領得の意思を必要とする（大判大4.5.21）。

不法領得の意思とは，権利者を排除して，他人の物を自己の所有物としてその経済的用法に従って利用処分する意思をいう（最判昭26.7.13）。毀棄・隠匿罪，使用窃盗（不可罰である）との区別の観点から必要とされる（大判大4.5.21，大判大9.2.4）。

ただ，車などの場合には返す意思があっても不法領得の意思ありとされがち

である（最決昭 55.10.30）が，自転車などは不法領得の意思なしとされがちである。

〈表 4 不法領得の意思〉

	必要説（判例）	必要説①	必要説②	不要説
内容	①権利者を排除して他人の物を自己の所有物とし（権利者排除意思），②その経済的用法に従い利用若しくは処分する意思（利用処分意思）。	①権利者を排除して，他人の物を自己の所有物とする意思のみで足りる。	②物の経済的用法に従い，利用処分する意思のみで足りる。	窃盗罪の主観的要件は，占有侵害の認識のみで足りる。
理由	占有侵害の故意だけではなく，所有権侵害に向けられた意思，すなわち所有者としてふるまう意思が必要。さらに利欲犯的性格も考慮。	窃盗罪の保護法益は所有権であるから，占有侵害の故意だけではなく，所有権侵害に向けられた意思，すなわち所有者としてふるまう意思が必要。	窃盗が毀棄より重く処罰されるのは，利欲犯的性格による。	不法領得の意思の内容が不明確。
批判		毀棄目的での財物の奪取が窃盗罪となってしまい，毀棄罪の成立範囲が限定され過ぎる。	毀棄目的で財物の占有を取得した者が，後に気が変わり，そのまま放置した場合や，後に経済的用法に従って利用処分した場合に不可罰になってしまう。	

個人的法益に対する罪

(5) 不動産侵奪罪

　窃盗罪の不動産版とでもいう罪であり，他人の占有する不動産に，他人の占有を排除して新たに排他的支配を設定する場合に成立する。

3. 強盗罪

【強盗罪】

[236条] **暴行**又は**脅迫**を用いて他人の財物を強取した者は，強盗の罪とし，5年以上の有期懲役に処する。

[　〃　②] 前項の方法により，**財産上不法の利益**を得，又は他人にこれを得させた者も，同項と同様とする。

[237条] 強盗の罪を犯す目的で，その**予備**をした者は，2年以下の懲役に処する。

[238条] **窃盗**が，財物を得てこれを**取り返されることを防ぎ**，**逮捕を免れ**，又は**罪跡を隠滅**するために，暴行又は脅迫をしたときは，強盗として論ずる。

[239条] 人を昏酔させてその財物を盗取した者は，強盗として論ずる。

[240条] 強盗が，人を負傷させたときは無期又は6年以上の懲役に処し，死亡させたときは死刑又は無期懲役に処する。

[241条] 強盗の罪若しくはその未遂罪を犯した者が強制性交等の罪（179条2項の罪を除く。以下この項において同じ。）若しくはその未遂罪をも犯したとき，又は強制性交等の罪若しくはその未遂罪を犯した者が強盗の罪若しくはその未遂罪をも犯したときは，無期又は7年以上の懲役に処する。

[　〃　③] 第1項の罪に当たる行為により人を死亡させた者は，死刑又は無期懲役に処する。

---

(1) 保護法益

　強盗罪は，暴行または脅迫を手段として財物を強取し，または，不法に利益を得る犯罪であり，その保護法益は，**個人の財産のみならず被害者の生命・身**

体・自由をも含むものである。

(2) 客 体

　強盗罪の客体は，236条1項では財物である。これは窃盗罪と同じ議論が妥当するため，ここで特に付言することはない。

　次に，2項の客体は，「財産上不法の利益」である。「不法の」とは利益自体が不法であることを意味するのではなく，不法に取得されたという**手段の不法性**をいう。「利益」とは，財物以外の財産的利益を意味し，積極的な利益の取得のみならず，消極的財産の減少や，一時的利益なども広く含む。

(3) 行 為

　強盗罪の行為は，「強取」である。「強取」とは，相手方の反抗を抑圧するに**足りる程度の暴行・脅迫を手段**として占有を奪う行為である。

　相手方の反抗抑圧に足りない程度の暴行・脅迫を用いた場合は，**恐喝罪**である。

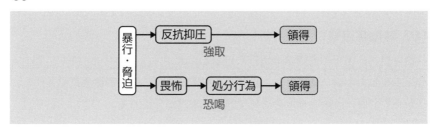

[図4　強取と恐喝]

　反抗抑圧に足りる程度かどうかは，行為の性質から具体的状況を考慮し**客観的に判断**する（最判昭24.2.8）。

　暴行・脅迫は，**財物奪取の手段**としてなされることを要する。したがって，他の目的で暴行・脅迫をした後に財物奪取の意思を生じた場合には，その意思を生じた後に新たに暴行・脅迫がなされなければ，強盗罪とはならない（東京高判昭48.3.26）。また，強制性交の目的で暴行・脅迫を加えたところ，被害者が畏怖して金銭を提供したのでこれを取得した場合には，犯人の態度等が客観的に新たな脅迫となっているので強盗罪が成立する（大判昭19.11.24）。

個人的法益に対する罪

客観的に反抗抑圧に足りる程度の暴行・脅迫がなされた以上，現に被害者が反抗を抑圧されていなくとも，財物を取得すれば強盗罪になる（最判昭24.2.8）。

強盗罪の実行の着手時期は，手段としての**暴行・脅迫開始時**である。また，既遂時期は，財物や利益の取得時である。

財物奪取は被害者の気づかない所でなされてもかまわない（最判昭23.12.24）。

なお，利益の取得は外形上明確でないので，236条2項については債務免除の意思表示のように処分行為（被害者が利益を処分する意思を表示すること）を要するかが問題となる。しかし，相手方の意思に反して利益を取得するという強盗罪の本質からして，処分行為は不要である。したがって，債権者を殺害して事実上債務を免れる場合でも成立する（最判昭32.9.13）。

（4）主観的要件

故意と**不法領得の意思**が必要である。

（5）事後強盗罪

窃盗犯人，すなわち窃盗の実行に着手した者が，一定の目的の下に，暴行・脅迫をなしたときに強盗として扱われる犯罪である。窃盗の機会になされることが必要である。財物奪取の有無で既遂と未遂が分かれる。

```
[判例]
・被害者方で財物を窃取した犯人 X が，だれからも発見，追跡されることなく，
 いったん被害者方から約 1km 離れた場所まで移動し，窃取の約 30 分後に再度
 窃盗をする目的で被害者方に戻った際に，逮捕を免れるため家人を脅迫したなど
 の事実関係の下においては，Y による脅迫は窃盗の機会の継続中に行われたもの
 とはいえない（最判平 16.12.10）。
```

（6）昏酔強盗罪

犯人または犯人の支配下にある者が，人を昏酔させて財物を奪う行為を強盗

として処罰する犯罪である。

（7）強盗致死傷罪

　強盗犯人，すなわち強盗の実行に着手した者が，強盗の機会に人を死傷させた場合を，特に生命・身体の保護という観点から重く処罰する犯罪である。

　強盗の手段としての暴行・脅迫から死傷の結果が生じた場合のみならず，**強盗の機会に**，強盗行為と密接な関連ある行為から生じたものであれば足りる。

　また，死傷の結果について故意ある場合も含む（大連判大 11.12.22）。

　本罪の既遂と未遂は財物奪取の有無とは関係なく，判例によれば，殺意をもって殺害が失敗した場合のみが本罪の未遂である（大判昭 4.5.16）。

〈表 5　当初から殺意のある場合が強盗致死罪に含まれるか〉

	肯 定 説	否 定 説
内容	**240 条後段は殺害の故意ある場合も含む**（判例・通説）	**240 条後段は結果的加重犯のみ規定**
根拠	① 240 条は強盗の機会における人の殺傷が刑事学的に顕著な類型であることに鑑みて規定されたもの。 ②「よって」という文言が使用されていない。 ③ 240 条に故意ある場合を含めず，強盗罪と殺人罪の観念的競合とすると，故意ある強盗殺人の刑の下限の方が故意にない強盗致死より低くなる。 ↓ 強盗致死罪	①「死亡させた」という文言は，傷害致死と同じ。 ②結果的加重犯と故意犯を同一の条文で規定し，同一の法定刑をもって臨むことは好ましくない。 ↓ 強盗罪と殺人罪の観念的競合 または 強盗致死罪と殺人罪の観念的競合

▧▧▧ **ポイント整理** ▧▧▧▧▧▧▧▧

■　窃盗罪の保護法益は，財物に対する事実上の占有であるとするのが判例である。

2 占有には支配の意思が必要であるが，支配の意思は潜在的にあれば足りる。

3 幼児や精神病者にも占有は認められる。

4 判例は，人を殺害した後に物を盗る意思を生じた場合には，殺害した者との関係では死亡直後は生前の占有が保護されるとする。

5 占有には支配の事実を必要とするが，社会通念上実力支配下にあればよい。

6 飼い主のもとに戻る習性を有している飼い犬などは，飼い主に占有が認められる。

7 旅館に置き忘れた物は旅館の主人の排他的支配が及んでいるので，旅館の主人の占有に属する。

8 単なる店員には占有はない。

9 包装された物を預かっている者には，包装の全体を領得すれば横領罪であるが，中身だけを奪えば窃盗罪が成立する。

10 判例は，可動性・管理可能性の有無をもって電気を財物に含める。

11 いわゆる禁制品も財物にあたる。

12 判例は，故意に加えて，窃盗罪の主観的要件として不法領得の意思を必要とする。

13 「強取」とは，相手方の反抗を抑圧するに足りる程度の暴行・脅迫を手段として占有を奪う行為である。

14 反抗抑圧に足りる程度かどうかは，行為の性質から具体的状況を考慮し客観的に判断する。

15 客観的に反抗抑圧に足りる程度の暴行・脅迫がなされた以上，現に被害者が反抗を抑圧されていなくとも，財物を取得すれば強盗罪になる。

16 強盗罪の実行の着手時期は，手段としての暴行・脅迫開始時である。

17 既遂時期は，財物や利益の取得時である。

Exercise

> **問題①　窃盗罪に関するア～エの記述のうち，判例に照らし，妥当なものの みをすべて挙げているのはどれか。**

ア　買戻約款付自動車売買契約により金銭を融資し，貸主に自動車の所有権が 移転した後も，借主が自動車を保管・利用している場合，買戻期間経過後直 ちに，貸主が借主の承諾を得ずに当該自動車を引き揚げたとしても，当該自 動車の所有権を貸主が有しているため，窃盗罪は成立しない。

イ　バスを待って行列中にカメラを置き忘れ，5分後，約20m進んだ場所から カメラを置いた場所に戻ったが，カメラが持ち去られていた場合，刑法上の占 有は物の現実の所持又は監視を必要とするため窃盗罪は成立せず，占有離脱 物横領罪のみが成立する。

ウ　窃盗罪の成立には，故意のほか，権利者を排除して他人の物を自己の所有 物としてその経済的用法に従いこれを利用若しくは処分する不法領得の意思を 必要とするため，他人を困らせる目的で当該他人の物を隠匿した場合，窃盗 罪は成立しない。

エ　野外において人を殺害した直後不法領得の意思を生じ，被害者が身に付け ていた腕時計を奪取した場合において，被害者が生前有していた財物の所持 はその死亡直後においてもなお継続して保護するのが適当であることから，占 有離脱物横領罪ではなく，窃盗罪が成立する。

1　ア

2　イ

3　ア，エ

4　イ，ウ

5　ウ，エ

・・

解説

ア　誤。判例は，買戻約款付自動車売買契約により自動車金融をしていた貸主 が，買戻期限が到来するや直ちに，密かに作成していた合鍵を利用して借主 の承諾なしに自動車を引き揚げる行為は，その時点で自動車が借主の事実上 の支配下にある以上，仮に貸主に所有権があったとしても，窃盗罪を構成し， かつ，その行為は，社会通念上借主に受忍を求める限度を超えた違法なもの であるとしている（最決平元.7.7）。

イ　誤。判例は，バスを待って行列中に写真機を置き忘れても，その間約5分

であり，距離も約 20 メートルのときは，右写真機はなお被害者の実力的支配内にあったもので占有離脱物ではないとした (最判昭 32.11.8)。

ウ　妥当な記述である。判例は，窃盗罪の成立には，故意の外に不法領得の意思を必要とするが，領得意思とは，権利者を排除して他人の物を自己の所有物としてその経済的用法に従いこれを利用若しくは処分する意思をいうから，校長を困らせる目的で学校に保管してある教育勅語謄本を持ち出し教室の天井裏に隠匿した行為は窃盗罪を構成しないとしている (大判大 4.5.21)。

エ　妥当な記述である。判例は，野外において人を殺害した後領得の意思を生じ，被害者が身につけていた時計を奪取した場合，被害者が生前有していた財物の所持は，その死亡直後においてもなお継続して保護するのが法の目的にかなうというべきであるから，全体的に考察して窃盗罪が成立するとしている (最判昭 41.4.8)。

以上より，妥当なものは，ウとエなので，妥当なもののみをすべて挙げているのは，**5**である。

解答　**5**

問題②　窃盗罪に関する次のア〜エの記述のうち，妥当なもののみを全て挙げているものはどれか (争いのあるときは，判例の見解による。)。

ア　甲は，乙を困らせてやろうと考え，乙宅に駐輪してあった自転車を持ち去って自宅の物置に隠した。甲には窃盗罪が成立する。

イ　甲は，散歩中にたまたま他人所有の無施錠の自転車を見つけたため，使用後は適当な場所で乗り捨てるつもりで，その自転車に乗って走り去った。甲の行為は，自転車の一時使用に過ぎないから，窃盗罪は成立しない。

ウ　甲は，乙から委託を受け，施錠された状態のアタッシュケースを預かり保管していたが，内容物を自分のものにしようと考え，乙の許可なく解錠してケース内の金品を持ち去った。甲には窃盗罪が成立する。

エ　甲は，乙宅のタンスの奥から偶然乙の指輪を発見し，これを自分のものにしようと考えて自宅に持ち帰った。乙が指輪の所在を失念していた場合であっても，甲には窃盗罪が成立する。

1　ア，イ
2　ア，エ

3 イ，ウ

4 イ，エ

5 ウ，エ

（裁 平 30）

解説

ア　誤。窃盗罪の成立には，故意のほかに不法領得の意思が必要である。判例（大判大 4.5.21）は，不法領得の意思を「①権利者を排除して他人の物を自己の所有物とし（権利者排除意思），②その経済的用法に従いこれらを利用もしくは処分する意思（利用・処分意思）」と定義する。本肢の甲のように，乙を困らせてやろうと自転車を持ち去って自宅の物置に隠した場合，②利用・処分意思を欠くといえるので，窃盗罪は成立しない。

イ　誤。肢アで述べたように，判例は，窃盗罪の成立には，①権利者排除意思と②利用・処分意思が必要だとしている。他人の物を一時使用する行為（使用窃盗）は，①権利者排除意思を欠くため，通常窃盗罪は成立しない。しかし判例は，本肢のような自転車の無断使用の場合でも，使用後に返還する意思はなく，乗り捨てる意思であれば，①権利者排除意思を認め，窃盗罪が成立するとしている（大判大 9.2.4）。

ウ　妥当な記述である。窃盗罪は，他人の占有する財物を領得したときに成立する。委託を受けて，包装や施錠された財物（封緘物）を預かった場合，封緘物それ自体を領得したときは，受託者に占有があるので，窃盗罪ではなく横領罪が成立する。これに対して，判例は，封緘物を開封して内容物を領得した場合，内容物については委託者に占有があるので，窃盗罪の成立を認めている（最決昭 32.4.25）。したがって，本肢のように，アタッシュケースを許可なく解錠してケース内の金品を持ち去った甲には窃盗罪が成立する。

エ　妥当な記述である。肢ウで述べたように，窃盗罪は，他人の占有する財物を領得したときに成立する。それでは，財物の所在を失念した場合に占有が認められるのかが問題となる。この点について判例は，たとえ財物の所在を見失っても，それが実力的支配を及ぼし得る屋内にあるかぎり，なお占有が認められるとしている（大判大 15.10.8）。本肢において，乙は指輪の所在を失念していたが，指輪は乙宅のタンスにあったのであるから，乙の占有は認められる。したがって甲には窃盗罪が成立する。

以上により，ウ，エが妥当な記述となり，**5**が正解である。

解答 5

問題③　強盗罪に関する次の記述のうち，判例に照らし，妥当なものはどれか。

1 Ｘは強盗の目的でＡ会社の事務所に押し入り，居合わせた者全員を縛ってそこにあった洋服を着込み，その他の物は荷造りして持ち出すばかりにした。このとき，Ｘが物を屋外に持ち出さなくても，強盗の既遂罪となる。

2 Ｘは，被害者Ａを脅迫して，その反抗を抑圧している間に財物を奪取した。しかしその財物奪取はたまたまＡの気づかない間になされた。このとき，Ｘは，反抗を抑圧する程度の脅迫を加えて財物を奪取したとはいえないので，強盗の未遂罪が成立する。

3 Ｘは，家人に発見されたら，居直り強盗をするつもりでＡ宅に侵入して財物の物色を始めたところ，逮捕された。このとき，Ｘには強盗の着手が認められるから，強盗の未遂罪が成立する。

4 Ｘは，Ａに反抗を抑圧するに足りる程度の暴行を加えたのに，Ａは単に哀れみの心のみから，Ｘに財物を交付した。このとき，Ａに恐怖心が生じていない以上，Ｘには強盗罪（既遂）が成立せず，強盗罪の未遂が成立する。

5 Ｘは，タクシー運転手Ａの首を絞めて失神させ，料金の支払いを免れた。このとき，ＸはＡに料金支払い免除の意思表示を強要してはいない以上，Ｘに強盗罪（既遂）は成立せず，強盗の未遂罪が成立する。

・・

解説

1 妥当な記述である。支配の移転があったといえるから判例は，強盗の既遂を認める（最判昭24.6.14）。

2 誤。財物奪取が被害者の知らない間になされたとしても，強盗は既遂となる（最判昭23.12.24）。

3 誤。居直り強盗の意図であっても暴行・脅迫に着手していない以上，強盗の着手は認められない。

4 誤。相手方の反抗抑圧に足りる程度の暴行・脅迫がなされ財物が取得されている以上，被害者の反抗は抑圧されていなくとも強盗は既遂であるとするのが判例である（最判昭24.2.8）。

5 誤。2項強盗罪の成立に被害者の処分行為は不要である。

解答　**1**

問題④　事後強盗罪に関する次のア～エの記述のうち，適当なもののみをすべて挙げているのはどれか（争いのあるときは，判例の見解による。）。

ア　他人の留守宅に入って窃盗に及んだ後も天井裏に潜んでいた窃盗の犯人が，窃盗の犯行の約3時間後に同宅に駆けつけた警察官に逮捕されることを免れるため，持っていたナイフでその警察官の顔面等を切り付けた場合には，窃盗の機会の継続中に行われた暴行により傷害を負わせたものとして事後強盗致傷罪が成立する。

イ　窃盗の犯人が，金品を物色している最中に，被害者に発見されたため，改めて財物を強取する目的で被害者に対して包丁を突き付けて反抗を諦めさせた上，財物を強取した場合，事後強盗罪が成立する。

ウ　事後強盗罪の手段としての暴行又は脅迫は相手の反抗を抑圧するに足りる程度のものであることが必要である。

エ　窃盗未遂の犯人が，逮捕を免れ，又は罪跡を隠滅するために，暴行又は脅迫を加えた場合，事後強盗既遂罪が成立する。

1　ア，ウ

2　ア，エ

3　イ，ウ

4　イ，エ

5　ウ，エ

（裁Ⅱ平22）

解説

ア　適当な記述である。判例は，本肢と同様の事案において，事後強盗致傷罪の成立を認めている（最判平14.2.14）。争点は，窃盗の犯行の約3時間後に逮捕しようとした警察官にナイフで切りつけた行為が，事後強盗（238条）の要件である「窃盗の機会」における暴行といえるかである。判例は，犯人が犯行現場の直近の場所にとどまり，被害者等から容易に逮捕されうる状況が継続していたのであるから，「窃盗の機会の継続中」にあったといえるとし，事後強盗致傷罪を肯定した。

イ　適当ではない。本肢の事例では，事後強盗罪ではなく，通常の強盗罪（居直り強盗，236条1項）が成立する。窃盗の実行に着手後，被害者に発見されたため，財物の取返しを防ぎ，あるいは逮捕を免れる等の目的で暴行脅迫

を加えた場合は，事後強盗罪（238条）が成立する。他方，本肢のように，窃盗の実行に着手後，被害者に発見され，改めて財物を強取する目的で暴行脅迫を加えた場合は，窃盗着手の時点で窃盗未遂罪が成立し，強盗目的で暴行し財物を強取した時点で強盗既遂罪が成立し，前者は後者に吸収されるので，強盗罪一罪しか成立しない。

ウ　適当な記述である。強盗罪の暴行・脅迫は，相手方の反抗を抑圧するに足りる程度に強度のものであることが必要である（最判昭24.2.8）。事後強盗罪も強盗として評価される以上，暴行・脅迫は，強盗罪と同様に，相手方の反抗を抑圧するに足りる程度に強度のものであることが必要と解されるからである。

エ　適当ではない。事後強盗罪は財産罪であることから，その既遂・未遂の区別は，財物奪取の有無によって決定される（最判昭24.7.9）。本肢の主体は「窃盗未遂の犯人」であり，事後強盗未遂罪が成立する。

以上より，適当な選択肢はア・ウなので，正解は**1**となる。

解答　**1**

4 詐欺・恐喝の罪

本節では，財産犯のうちで被害者の瑕疵ある意思に基づく財産の移転をともなうもの，詐欺罪・恐喝罪について学習します。この分野からは，判例と基本的知識以外は出題されていないので，判例を中心に詐欺罪・恐喝罪の理解をしてください。

1. 詐欺罪

【詐欺罪】

[246条] 人を欺いて財物を交付させた者は，10年以下の懲役に処する。

[〃 ②] 前項の方法により，財産上不法の利益を得，又は他人にこれを得させた者も，同項と同様とする。

　詐欺罪は，人をだまして財物や利益を取得する罪である。

(1) 保護法益

　詐欺罪の保護法益は，**財物の占有**（最判昭34.8.28）と**個人の財産的利益**である。

(2) 客　体

　詐欺罪の客体は，246条1項は，他人の占有する財物であって，基本的には窃盗と同じであるが，不動産も含む点が異なる。

　2項は，財産上の利益であって，強盗罪と同様である。

(3) 行　為

　詐欺罪の予定する行為は「人を欺いて」「財物を交付」させること，または，「財産上不法の利益」を自己もしくは他人に取得させることである。

　人を欺く（**欺罔行為**）とは，他人をだまして錯誤に陥れることを意味し，それがなされた具体的状況の下で，**通常人を錯誤に陥れる可能性のあるもの**でなければならず，作為・不作為を問わない。ただし，黙秘が欺罔行為にあたるためには，事実を告知すべき法律上の義務が必要である（大判大6.11.29）。もっ

とも，具体的事案によっては，作為・不作為が不明確な場合もある。判例によれば，飲食店などで代金支払いの意思がないにもかかわらず，商品を注文するのは作為による欺罔行為である（最決昭43.6.6）。

　次に，欺罔行為に基づいて財物や利益を交付（処分）させることが必要である。**欺罔行為に基づく錯誤と財産的処分行為の間には因果関係が必要**である（大判大 11.12.22）。

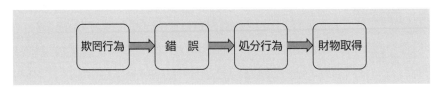

［図5　詐欺罪の因果関係］

　したがって，原則として欺罔行為の相手方は，財物の所有者・占有者である必要があるが，処分権限を有する者のように処分行為が可能な者ならば，必ずしも所有者・占有者でなくともよい（最判昭45.3.26）。たとえば，銀行の窓口の係員を欺罔して金銭を取得した場合には，係員を通じて銀行に対する詐欺罪が成立する。

　また，**クレジット詐欺**（東京高判昭59.11.19）や，**訴訟詐欺**（最判昭45.3.26）も詐欺にあたる。

　なお，**欺罔行為は錯誤による処分行為に向けられたものでなければならない**ので，注意をそらすために欺罔した場合は窃盗になる。

　処分行為は法律行為でも事実行為でもかまわないし，民事上取り消しうるものや無効なものなど，被害者に損害回避の手段があっても詐欺罪となる（最決昭36.12.20）。

　処分意思を認められない幼児などをだましても詐欺罪ではなく窃盗罪であるし，自動販売機やキャッシュ・ディスペンサーなどの機械をだますのも窃盗罪である。

（4）未遂・既遂

　詐欺罪の実行の着手は，**欺罔行為の開始時**である。また，既遂時期は，財物の取得時である。ただし，欺罔行為→錯誤→処分行為→財物取得の因果関係が

必要となる。したがって，この定型的な流れから外れる場合には未遂にとどまる。

　なお，相当な対価を払っている場合には詐欺罪は成立しないのか，財産的損害が発生することを要するか問題となるが，保護法益につき財物の占有と考える立場からは，物の占有の喪失自体が損害であって，たとえ，相当の対価を払っても詐欺罪が成立する（最決昭34.9.28）。

[判例]
・簡易生命保険契約の事務に従事する係員を欺罔して，簡易生命保険契約を締結させた上，その保険証書を騙取した行為は，刑法246条1項の詐欺罪に当たる（最決平12.3.27）。
・誤った振込みがあることを知った受取人が，その情を秘して預金の払戻しを請求し，その払戻しを受けた場合には，詐欺罪が成立する（最決平15.3.12）。

個人的法益に対する罪

　また，246条2項の場合には，客体が利益になるだけで基本的に1項と同じであるが，利益の移転に際して，被害者の処分行為を要する点で，強盗罪との違いを整理しておくこと。

(5) その他

　未成年者や心神耗弱者のように十分な判断能力のない者を食い物にする行為を禁じるために**準詐欺罪**（248条）が，コンピュータを介しての詐欺まがいの行為を禁じるために**電子計算機使用詐欺罪**（246条の2）が設けられている。

2. 恐喝罪

【恐喝罪】
[249条] 人を恐喝して財物を交付させた者は，10年以下の懲役に処する。
[　〃　②] 前項の方法により，財産上不法の利益を得，又は他人にこれを得させた者も，前項と同様とする。

　恐喝罪は，暴行や脅迫によって人を畏怖せしめ，財物や財産上の利益を処分

させる罪であって，手段の相違だけで詐欺罪と同じように考えればよい。

　定型的な因果関係が要求される点については，ここでも同じである。

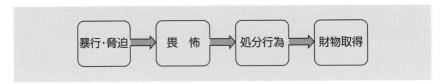

[図6　恐喝罪との因果関係]

　なお，暴行・脅迫が，被害者の反抗を抑圧する程度のものであれば強盗罪となる。

[図7　強盗罪との区別]

ポイント整理

1 欺罔行為はそれがなされた具体的状況の下で，通常人を錯誤に陥れる可能性のあるものでなければならない。

2 欺罔行為は作為・不作為を問わないが，黙秘が欺罔行為にあたるためには事実を告知すべき法律上の義務が必要である。

3 判例によれば，飲食店などで代金支払いの意思がないにもかかわらず，商品を注文するのは作為による欺罔行為である。

4 欺罔行為に基づいて被害者に錯誤に基づく財産的処分行為をさせることが必要である。

5 欺罔行為に基づく錯誤と財産的処分行為の間には，因果関係が必要である。

6 欺罔行為の相手方は，処分行為が可能な者ならば必ずしも所有者・占有者でなくともよい。

7 クレジット詐欺や，訴訟詐欺も詐欺にあたる。

8 注意をそらすために欺罔した場合は，窃盗になる。

9 処分意思を認められない幼児などをだましても窃盗罪であるし，自動販売機やキャッシュ・ディスペンサーなどの機械をだますのも窃盗罪である。

10 詐欺罪が既遂となるためには，欺罔行為→錯誤→処分行為→占有取得の因果関係が必要である。

11 判例によれば，物の占有の喪失自体が損害であって，たとえ相当対価を払っても詐欺罪が成立する。

Exercise

問題①　詐欺罪に関するア〜エの記述のうち，判例に照らし，妥当なもののみをすべて挙げているのはどれか。

ア　欺罔手段によって相手方の財物に対する支配権を侵害した場合であっても，相手方の財物交付が不法の原因に基づいたものであり，民法上その返還又は損害賠償を請求することができない場合であれば，詐欺罪は成立しない。

イ　国家的法益に向けられた詐欺的行為は，統制諸機能の侵害をその本質とするものであるから，たとえそれが同時に詐欺罪の保護法益である財産権を侵害するものであったとしても，財産侵害は当該行為の本旨あるいは主眼ではないことから，詐欺罪の成立は認められない。

ウ　商品の売買において，事実を告知したら相手方が金員を交付しないような場合であって，ことさら商品の効能などにつき真実に反する誇大な事実を告知して相手方を誤信させ，金員の交付を受けたときは，たとえ価格に見合った商品を提供したとしても，詐欺罪が成立する。

エ　クレジットカードの名義人になりすまし，正当な利用権限がないのにこれがあるように装い，その旨ガソリンスタンドの従業員を誤信させてガソリンの交付を受けた場合において，被告人が同カードの名義人からその使用を許されていれば，被告人の行為はガソリンスタンドに対する詐欺罪を構成することはない。

1　ア

2　ア，イ

3　イ，エ

4　ウ

5　エ

(労基平18)

....

解説

ア　誤。判例は，欺罔手段によって相手方に不法原因給付をさせた事案において，欺罔手段によって相手方の財物に対する支配権を侵害した以上，たとえ相手方の財物交付が不法の原因に基づいたものであって民法上その返還又は損害賠償を請求することができない場合であっても，詐欺罪の成立を妨げるものではないとしている (最判昭25.7.4)。

イ　誤。判例は，欺罔行為によって国家的法益を侵害し行政刑罰法規に違反した場合につき，欺罔行為によって国家的法益を侵害する場合でも，それが同時に，詐欺罪の保護法益である財産権を侵害するものであれば，当該行政刑罰法規が特別法として詐欺罪の適用を排除する趣旨のものと認められない限り，詐欺罪の成立を認めることができるとしている（最決昭51.4.1）。

ウ　妥当な記述である。判例は，価格相当の商品を提供したとしても，事実を告知したならば相手方が金員を交付しないような場合において，ことさら商品の効能などにつき真実に反する誇大な事実を告知して相手方を誤信させ，金員の交付を受けた場合は，詐欺罪が成立するとしている（最決昭34.9.28）。

エ　誤。判例は，クレジットカードの名義人本人に成り済まし，同カードの正当な利用権限がないのにこれがあるように装い，その旨従業員を誤信させてガソリンの交付を受けた場合において，仮に，本件クレジットカードの名義人から同カードの使用を許されており，かつ，自らの使用に係る同カードの利用代金が会員規約に従い名義人において決済されるものと誤信していたという事情があったとしても，詐欺罪の成立は妨げられないとしている（最決平16.2.9）。

以上より，妥当な記述はウのみなので，正解は**4**である。

解答　**4**

問題②　甲は道端で乙名義のクレジットカードとキャッシュカードを拾った。甲はA加盟店で売上票に乙と署名し，クレジットカードを使って50万円相当の洋服を購入し，またキャッシュカードを使って現金自動支払機から10万円を引き出した。この場合の甲に成立する犯罪として妥当なものはどれか。

1　占有離脱物横領罪2罪，私文書偽造罪，詐欺罪，横領罪

2　窃盗罪3罪，私文書偽造罪，同行使罪，詐欺罪

3　占有離脱物横領罪2罪，私文書偽造罪，同行使罪，詐欺罪，窃盗罪

4　詐欺罪，窃盗罪，横領罪

5　詐欺罪，窃盗罪

個人的法益に対する罪

解説

　まず，クレジットカードとキャッシュカードを拾って領得する行為は占有離脱物横領罪となり，客体ごとに一罪ずつ成立するから占有離脱物横領罪2罪となる。次に，売上票に他人名義で勝手に署名する行為は私文書偽造罪となる。そしてそれを真正な文書のように提示する行為は同行使罪となる。さらに，その提示行為によってA加盟店は財産的処分行為をおこなっているので，詐欺罪が成立する。最後に，キャッシュカードを使って現金を引き出した行為は，機械に錯誤に基づく処分行為はありえないので窃盗罪となる。以上から正解は**3**となる。

解答　**3**

5 横領・背任の罪

本節では，横領罪・背任罪について，その構成要件を判例に即して学習します。両者の違いがわかるようにしてください。

1. 横領と背任

横領・背任の罪は，ともに**委託信任関係に違背**した財産侵害を内容とする罪としては共通であるが，前者が**個別財産**に対する罪であるのに対し，後者は**全体財産**に対する罪である点で大きく異なる。

2. 横領罪

横領罪には，単純横領罪（252条），業務上横領罪（253条），占有離脱物横領罪（254条）があるが，前二者と占有離脱物横領罪とではやや罪質が異なるので，以下，分けて説明する。

（1）単純横領罪（委託物横領罪）

> 【単純横領罪】
> ［252条］**自己の占有する他人の物**を横領した者は，５年以下の懲役に処する。
> ［ 〃 ②］自己の物であっても，公務所から保管を命ぜられた場合において，これを横領した者も，前項と同様とする。

① 保護法益

単純横領罪は，**自己の占有する他人の財物を委託の趣旨に反してほしいままに領得する罪**である。

その保護法益は，**財物に対する所有権その他の本権**である。横領罪においては占有侵害は予定されていないので，所有権その他の本権と考えることに争いはない。

② **主　体**

　単純横領罪の主体は，**他人の物を占有する者**であり，本罪はかかる身分者の
みが犯しうる**真正身分犯**である。

③ **客　体**

　自己の占有する他人の物である。なお，窃盗罪における占有は，侵害の対象
であるから事実上の支配に限られるが，横領罪の占有は横領行為の前提であ
り，不動産の登記などの**法律上の支配**も含む（大判大 4.4.9）。

　たとえば，**不動産の登記**のほかに，他人から金銭を預かった者がそれを保
管する方法として銀行に預金した場合にも占有が認められている（大判大
元 .10.8）。

　占有は，物の所有者またはこれに準じる者と犯人の間の委託信任関係に基づ
く必要がある。ただ，かかる関係は必ずしも契約によって生じるものでなくて
もよく，事務管理や条理などに基づくものでもよい。

　「自己の占有する」であるから，**物が犯人の占有に属し，他の者の占有に属
さないことが必要である。**他の者の占有にも属していれば窃盗罪となる。

　「他人の物」であるかどうかは，基本的には民法によるが，**刑法独自の観点**
も考え合わせる必要がある。たとえば，**二重売買**は第一の買い主に所有権が
帰属する（民法 176 条）から，横領罪となる。これに対して，金銭について
は，民法上は占有者に所有権が帰属すると解されているが，刑法上は，封金の
場合はもちろん，**目的や使途を定めて委託された金銭**については**委託者の所有**
に属すると考えられており，受託者が勝手に費消すれば横領罪となる（最判昭
26.5.25）。

[図8　横領罪]

194

ただ，これらの場合や債権の取り立ての場合を除いては，金銭はもともと代替物であるから，委託の趣旨に反しない限度での一時流用などは横領罪とはならない。

④　行　為

横領罪の行為は，**横領**である。判例は，ここでも**不法領得の意思を必要とする**から，横領の意義について**不法領得の意思を実現する一切の行為**と解する。要するに，他人の物を自己の物のように処分し，もしくは処分しうる状態におくことが横領行為なのである。具体的には，売却，贈与，貸与，担保権の設定などの**法律行為**のほか，費消，着服，持ち逃げするなどの**事実行為**をも含む。また，自己の占有する他人の物について自己の物であると主張し民事訴訟を提起する行為も横領にあたる（最判昭 25.9.22）。

横領罪は，**横領行為を開始すればただちに既遂**となり，その行為が完成することは要しないし，また，**未遂もありえない**とされている。

具体的には，動産については売却の意思を表示したとき（大判大 2.6.12），不動産においては登記を移転したとき（最判昭 30.12.26）とされている。

⑤　**主観的要件**

判例・通説は，故意のほかに不法領得の意思を必要とする（最判昭 24.3.8）。

個人的法益に対する罪

[判例]
・株式会社の取締役経理部長が，会社の株式の買占めに対抗するための工作費用として会社の資金を第三者に交付した場合，会社の不利益を回避する意図を有していたとしても，交付金額が高額であるなど交付行為が会社にとって重大な経済的負担を伴い，違法行為を目的とするものとされるおそれもあったのに，交付の相手方や工作の具体的内容等につき調査をしたり，その結果の報告を求めたりした形跡がうかがわれず，また自己の弱みを隠す意図等をも有していたなどの事情の下では，交付の意図は専ら会社のためにするところにはなく，業務上横領罪における不法領得の意思があったと認められる（最決平 13.11.5）。

(2) 業務上横領罪

【業務上横領罪】
[253条] 業務上自己の占有する他人の物を横領した者は，10年以下の懲役に処する。

　業務上横領罪は，単純横領罪の加重類型であり，業務上の占有者という二重の身分を必要とする**身分犯**である。

　構成要件の内容については，単純横領罪に準じる。

(3) 占有離脱物横領罪

【占有離脱物横領罪】
[254条] 遺失物，漂流物その他占有を離れた他人の物を横領した者は，1年以下の懲役又は10万円以下の罰金若しくは科料に処する。

　落ちている物を領得する行為など，占有を離れた他人の物を横領する行為が占有離脱物横領罪である。

① 客　体

　「**占有を離れた他人の物**」が客体である。**遺失物，漂流物**は例示であり，**占有者の意思によらずにその占有を離れ，まだだれの占有にも属していない物を広く含む。**

　たとえば，電車内に置き忘れた物（大判大 10.6.1）や，酩酊して放置し，どこに置いたかわからなくなった自転車（仙台高判昭 30.4.26），窃盗犯人が乗り捨てた他人の自動車（東京高判昭 34.8.15）が占有離脱物である。

　また，占有離脱物には，誤って手渡された物（大判明 43.12.2）や，誤って配達された郵便物（大判大 6.10.15），風で飛んできた隣家の洗濯物など，占有者の意思に基づかずに偶然に自己の占有に属した物も含まれる。

　なお，本罪の客体としての占有離脱物は，他人所有の物であるとみられる物であれば足り，具体的にだれかの所有物であることが明らかでなくてもかまわない（最判昭 25.6.27）。

　無主物が本罪の客体とならないことは，もちろんである。

② 行 為

行為は「横領」であるが，物についての委託信任関係がないので，単に物の占有を不法に取得することで足りる。

3. 背任罪

【背任罪】

[247条] 他人のためにその**事務を処理する者**が，自己若しくは第三者の**利益を図り**又は**本人に損害を加える目的**で，その**任務に背く行為を**し，**本人に財産上の損害**を加えたときは，5年以下の懲役又は50万円以下の罰金に処する。

背任罪とは，委託信任関係に基づき他人のために事務を処理する者が，一定の目的をもって**任務違背行為**をし，本人に損害を加える犯罪である。

① 主 体

「**他人のためにその事務を処理する者**」であることが必要である。本罪は真正身分犯である。

他人の事務でなければならないので，自己の事務では背任罪にはならない。

たとえば，売買契約の売り主が目的物を完全な形で引き渡すことは，売り主にとって自己の事務であるから，これを怠っても債務不履行にはなるが背任罪にはならないのである。

他人の事務の処理は，行為者と本人との間の委託信任関係に基づく必要があるが，委託信任関係は契約に基づくものに限らず，事務管理や慣習に基づくものでもよい。

事務は，公の事務であると私の事務であるとを問わず，また，継続的な事務であると一時的な事務であるとを問わないが，**ある程度包括的な裁量**を認められているものに限られる。

単なる機械的内容にとどまるものは，本条の「事務」にはあたらないのである。

② 行 為

行為は,「任務に背く行為」をすることである。任務に背いたかどうかの基準については,**権限濫用説と背信説の争い**があるが,権限濫用説のように法律行為に限定するのは狭きに失する。そこで,背信説が判例・通説となっている（大判大 3.6.20）。

背信説に立つと,**委託の趣旨に反する法律行為・事実行為が背任行為にあたる**ことになる。具体的には,**二重抵当の設定**（最判昭 31.12.7）,回収の見込みがないのに銀行の取締役などがなす,無担保ないし不十分な担保しか得ない不良貸し付け（最決昭 38.3.28）,村長が所得税を賦課するに際し,なんらの根拠なくなした過少賦課（最決昭 47.3.2）などが判例上,背任行為とされている。

③ 財産上の損害

本罪の成立要件として,**本人に財産上の損害**が生じたことが規定されている。本罪は,全体財産に対する罪であるから,財産上の損害は本人の財産状態に損害を加えることを意味し,既存の財産が減少する場合（積極的損害）に限らず,得られたであろう財産が得られなかったこと（消極的損害）でもよい。なお,**損害が発生したかどうかは経済的に判断**すべきであるから,不良貸し付けなども背任罪となるのである。

損害の発生によって,背任罪は既遂となる。

④ 目 的

背任罪も故意犯であるから,故意が必要なことはいうまでもない。背任罪の主観的要件としては,故意のほかに一定の目的が条文上必要とされている。一定の目的とは,①自己図利目的,②第三者図利目的,③加害目的である。

これらのいずれかの目的がないと背任罪は成立しない。

[附] その他の財産罪

（1）盗品等に関する罪

盗品等に関する罪は,盗品その他財産罪によって取得された財物を買い受けたり,もらったりすることで被害者の追求権を困難にする罪であり,具体的に

は，**無償の取得，運搬，保管，有償の取得，有償の処分**のあっせんをした場合に成立する。

［判例］
・窃盗等の被害者を相手方として盗品等の有償の処分のあっせんをする行為は，刑法256条2項にいう盗品等の「有償の処分のあっせん」に当たる（最決平14.7.1）。

（2）毀棄・隠匿の罪

　毀棄・隠匿の罪は，建造物その他の財産を壊したり，隠したりして，その**本来の効用を滅失・毀損する罪**であり，客体によって公用文書等毀棄罪，私用文書等毀棄罪，建造物等損壊罪，器物損壊罪，境界損壊罪，信書隠匿罪に分かれる。

◇◇◇ ポイント整理 ◇◇◇

1　横領・背任の罪は，ともに委託信任関係に違背した財産侵害を内容とする罪としては共通であるが，前者が個別財産に対する罪であるのに対し，後者は全体財産に対する罪である点で異なる。

2　単純横領罪の主体は，他人の物を占有する者であり，本罪はかかる身分者のみが犯しうる真正身分犯である。

3　横領罪の占有は横領行為の前提であり，不動産の登記などの法律上の支配も含む。

4　「自己の占有」であっても，物が他の者の占有にも属していれば窃盗罪となる。

5　二重売買は，第一の買い主に所有権が帰属するから横領罪となる。

6　封金の場合はもちろん，目的や使途を定めて委託された金銭については受託者が勝手に費消すれば横領罪となる。

7 横領の意義について判例は，不法領得の意思を実現する一切の行為と解する。

8 横領罪は，横領行為を開始すればただちに既遂となり未遂はありえない。

9 業務上横領罪は単純横領罪の加重類型であり，業務上の占有者という二重の身分を必要とする身分犯である。

10 占有を離れた他人の物を横領する行為が，占有離脱物横領罪である。

11 「占有を離れた他人の物」とは，占有者の意思によらずにその占有を離れ，まだだれの占有にも属していない物，および占有者の意思に基づかずに偶然に自己の占有に属した物をいう。

12 背任罪の主体は「他人のためにその事務を処理する者」であり，真正身分犯である。

13 「事務」は，ある程度包括的な裁量を認められているものに限られる。

14 二重抵当の設定や，回収の見込みがないのに銀行の取締役などがなす不良貸し付けは背任罪となる。

15 背任罪の成立には，本人の財産状態に損害を加えることが必要である。

16 背任罪は，①自己図利目的，②第三者図利目的，③加害目的のいずれかの目的がないと成立しない。

Exercise

問題①　背任罪及び横領罪に関するア〜エの記述のうち，判例に照らし，妥当なもののみを全て挙げているのはどれか。

ア　横領罪の成立に必要な不法領得の意思とは，他人の物の占有者が委託の任務に背いて，その物につき，権限がないのに所有者でなければできないような処分をする意思をいうため，必ずしも占有者が自己の利益取得を意図することを必要とするものではなく，また，占有者が不法に処分したものを後日補塡する意思が行為当時にあったとしても横領罪の成立を妨げない。

イ　背任罪における財産上の損害を加えたときとは，経済的見地において本人の財産状態を評価し，実行者の行為によって本人の財産の価値が減少したとき又は増加すべかりし価値が増加しなかったときをいう。このため，返済能力のない者の債務について，信用保証協会の支所長が当該協会に債務保証をさせた場合，信用保証協会の財産に代位弁済による現実の損失がいまだ生じていなければ，経済的見地において財産の価値が減少したものと評価されないため，背任罪の既遂とはならない。

ウ　銀行の代表取締役頭取が，実質倒産状態にある融資先企業グループの各社に対し，客観性を持った再建・整理計画もなく，既存の貸付金の回収額をより多くして銀行の損失を極小化する目的も明確な形で存在したとはいえない状況で，赤字補塡資金等を実質無担保で追加融資したことは，その判断において著しく合理性を欠き，銀行の取締役として融資に際し求められる債権保全に係る義務に違反し，特別背任罪における任務違背に当たる。

エ　背任罪は他人のためにその事務を処理する者について成立するものであるため，金融機関の融資担当者による不正融資が任務違背に当たる場合であっても，当該不正融資の実現に加担した借り手側については，融資担当者が任務に違背するに当たり，支配的な影響力を行使することもなく，また，社会通念上許されないような方法による積極的な働き掛けもなければ，特別背任罪の共同正犯が成立することはない。

1 ア，イ
2 ア，ウ
3 ア，エ
4 イ，ウ
5 ウ，エ

解説

ア　妥当な記述である。判例は，横領罪の成立に必要な不法領得の意思とは，「他人の物の占有者が委託の任務に背いて，その物につき権限がないのに所有者でなければできないような処分をする意思」であるとし，利用意思を必要とはしておらず，また，委託を受けて保管をする者が一時流用をする際に後日補填する意思や能力があっても横領罪の成立を妨げないとしている（最判昭24.3.8）。

イ　誤。本肢前半は妥当である（最決昭58.5.24，信用保証協会事件）。判例はその上で，返済能力がない者の債務を信用保証協会の支所長が当該協会に債務保証させた事案において，「代位弁済による現実の損失がいまだ生じていないとしても，経済的見地においては，同協会の財産的価値は減少したものと評価される」として背任罪の既遂を認める（最決昭58.5.24）。

ウ　妥当な記述である。判例は，銀行の代表取締役頭取が実質倒産状態にあったグループの各社に対し，赤字補填資金等を実質的に無担保で追加融資した事案で，客観性を持った債権・整理計画やこれを確実に実行する銀行全体の強い経営体質もない状況下での追加融資は，「著しく合理性を欠き，銀行の取締役として融資に際し求められる債権保全に係る義務に違反する」として，任務違背にあたるとし，特別背任罪を認めた（最決平21.11.9，北海道拓殖銀行・ソフィアグループ事件）。

エ　誤。判例は，金融機関の融資担当者から不正融資を受けた者が，融資担当者の任務違背に支配的な影響力を行使したり，社会通念上許されないような方法を用いる積極的な働きかけをしなかったとしても，融資担当者の任務違背や融資会社の財産上の損害についての高度な認識があり，融資担当者が図利加害目的を有していることを認識し，かつこれを利用して融資を受けた場合には特別背任罪の共同正犯の成立を認めている（最決平15.2.18，住専事件）。

以上により，アとウが妥当な記述となり，**2**が正解である。

解答　**2**

問題②　背任罪に関する次の記述のうち，妥当なものはどれか。

1 甲が自分の不動産を乙に譲渡したが，登記が完了せずなお自己名義になっていることを利用して，丙に当該不動産を二重譲渡し登記も丙に移転した場合，横領罪は成立せず背任罪となる。

2 他人の事務を処理する者が任務違背行為をして，本人の抵当権の順位を一番抵当権から二番抵当権にしたとしても，本人に財産上の損害を加えていないから，その段階では背任罪の未遂の成立の余地があるのみである。

3 背任罪においては，他人の事務を処理する者が自己もしくは第三者の利益を図り，または本人に損害を加える目的をもって任務違背行為をなしたときに実行の着手があり，同時に既遂となるから，背任罪の未遂は理論上ありえない。

4 所管する貸し付け事務に関して貸付金の回収が危ぶまれる状態であることを熟知しながら，無担保ないし十分な担保を徴収せずに貸し付け手続きをとったときは，それが決裁権者の指示によるものであったとしても背任罪の成立を免れない。

5 使途を限定して委託された金銭を受寄者がほしいままに費消する行為は，金銭が代替物であって，委託された段階でその所有権が受寄者に移転するものであることから，横領罪を構成せず，背任罪を構成する。

・・・

解説

1 誤。不動産の二重譲渡は，すでに他人の物となっている自己の占有する不動産を勝手に処分する行為であるから，横領罪となる。

2 誤。背任罪の損害は法律的ではなく経済的観点から判断されるから，一番抵当が二番抵当になるということは，経済的にみればすでに損害発生といえる。

3 誤。背任罪は損害が発生したときに既遂となるし，未遂処罰規定がある（250条）。

4 妥当な記述である。不良貸し付けは背任行為の典型である。

5 誤。使途を定めて委託された金銭や封金を費消する行為は，横領罪である。

解答　4

第9章

社会的・国家的法益に対する罪

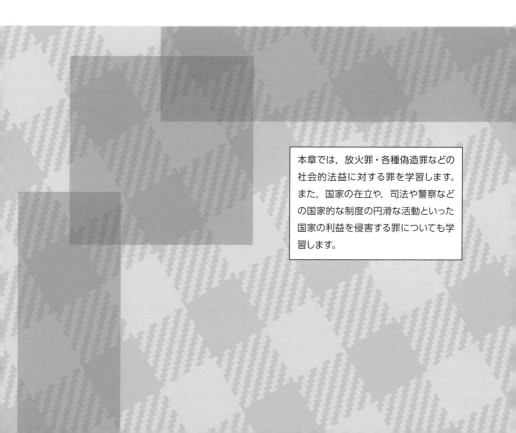

本章では，放火罪・各種偽造罪などの社会的法益に対する罪を学習します。また，国家の在立や，司法や警察などの国家的な制度の円滑な活動といった国家の利益を侵害する罪についても学習します。

社会的法益に対する罪

社会的法益に対する罪の分野からの出題は少ないので，本節では，本試験で出題可能性のある放火罪と偽造罪を学習するにとどめます。

1. 社会的法益に対する罪

社会的法益とは，**公共の安全**や公衆の健康，**公共の信用**，社会における健全な風俗などの公共の利益を総称する概念であり，社会的法益に対する罪には，騒乱罪，**放火罪**，出水罪，往来妨害罪，あへん罪，通貨偽造罪，**文書偽造罪**，公然わいせつ罪など実にさまざまなものが含まれている。

ただ，本試験の観点からすれば，この分野からの過去の出題は少ないし，しかも出題分野は放火罪と各種偽造罪に限られている。したがって，本書も放火罪と各種偽造罪に限定して説明を加える。

2. 放火罪

放火罪とは，火力によって物を**焼損**することで公共の危険を発生させる罪であり，**公共危険罪**の代表である。

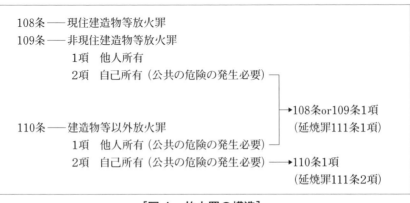

[図 1　放火罪の構造]

（1）保護法益

　放火罪の保護法益は，主として公共の安全であるが，副次的に個人の財産権も保護法益とされている。被害者の承諾との関係でこの点が反映される。

（2）種　類

　放火に関係する罪には，次のような種類がある。

①**現住**建造物等放火罪

②**非現住**建造物等放火罪

③**建造物等以外**放火罪

④**延焼罪**

⑤消火妨害罪

⑥失火罪

それぞれについて，以下説明する。

（3）現住建造物等放火罪

> 【現住建造物等放火罪】
>
> [108条] 放火して，**現に人が住居に使用**し又は**現に人がいる**建造物，汽車，
> 　　　　電車，艦船又は鉱坑を焼損した者は，**死刑**又は無期若しくは 5 年
> 　　　　以上の懲役に処する。

　現住建造物等放火罪は，現に人の居住しまたは人の現在する建造物等に放火し，これを焼損させる罪である。

①　客　体

　現に人が住居に使用しまたは人の現在する建造物・汽車・電車・艦船・鉱坑である。「人」とは，犯人以外の者をいう（最判昭 32.6.21）。犯人の家族も「人」である（大判昭 9.9.29）。

　住居として使用されていれば，昼夜間断なく人がいる必要はなく（大判大 2.12.24），また，建造物の一部が住居として利用されていれば全体が現住建造物となる。例えば、仮眠休憩施設のある派出所は現住建造物であり（札幌地判平 6.2.7），宿直施設のついている学校も現住建造物なので，教室だけ燃やすつ

もりで火を放っても 108 条の罪が成立する。現に人がいれば住居に使用されている必要はない。

［判例］
・競売手続の妨害目的で，自己の経営する会社の従業員を交替で泊まり込ませていた家屋につき放火を実行する前に従業員らを旅行に連れ出していても，当該家屋に日常生活上必要な設備，備品があり，従業員らが犯行前の約 1 カ月半の間に十数回交替で宿泊し，旅行から帰れば再び交替で宿泊するものと認識していたなどの事実関係の下においては，当該家屋は刑法 108 条にいう「現に人が使用」する建造物に当たる（最決平 9.10.21）。

② 行 為

放火とは，火を放つ行為であって**作為・不作為は問わない**（不真正不作為犯参照）。たとえば，導火線に火をつける行為や，**本罪の客体を焼損させる意図で隣接する物置などに火をつける**のも放火である（この場合，物置は導火線の役目を負っている）。放火の時点で実行の着手が認められる。

焼損の意義については争いがあるが，判例は，火が媒介物を離れて目的物に燃え移り，独立して燃焼しうる状態に至ったことと解している（大判大 7.3.15，**独立燃焼説**）。たとえば，**天井板約 1 尺四方**が焼けただけでも焼損があったとされている（最判昭 23.11.2）。これに対し，雨戸などの取り外しのきく物が独立燃焼状態になったとしても，建造物自体はまだ独立燃焼状態にないので未遂にとどまる。

なお，本罪は**抽象的危険犯**と解されており，客体の焼損によって抽象的な公共危険があったものとみなされる。したがって，焼損によってただちに既遂となる。

〈表 1　焼損の意義〉

	独立燃焼説 （判例・多数説）	燃え上がり説 （重要部分燃焼開始説）	毀棄説 （一部毀棄説）	効用喪失説
既遂時期	火が放火した媒介物を離れて目的物に燃え移り，目的物が独立して燃焼を継続する状態に達した時点	目的物の重要な部分が炎を上げ燃焼を始めた時点	目的物の一部が毀棄罪にいう損壊の程度に達した時点	目的物の重要な部分が失われ，その本来の効用を喪失した時点
批判	既遂時期が早すぎる	燃え上がらない不燃物の既遂時期が不明	公共危険罪である放火罪の既遂時期について，財産罪の概念を援用することは妥当でない	既遂時期が遅すぎる

③　違法性

　本罪は**公共危険罪**であるから，被害者の承諾によって違法性が阻却されはしないが，副次的法益である個人の財産権に影響し，たとえば，被害者一人しか住んでいなかった住居を，その承諾の下に焼損した場合には，非現住建造物等放火罪の自己物についての規定（109条2項）が適用される。

④　罪　数

　一個の放火で数個の客体を焼損しても，一個の公共危険が発生したにすぎず，放火罪は一個しか成立しない。その場合には最も重い罪のみが成立する。

（4）非現住建造物等放火罪

【非現住建造物等放火罪】

[109条]放火して，現に人が住居に使用せず，かつ，現に人がいない建造物，艦船又は鉱坑を焼損したものは，2年以上の有期懲役に処する。

[　〃　②] 前項の物が自己の所有に係るときは，6月以上7年以下の懲役
に処する。ただし，**公共の危険を生じなかったときは，罰しない。**

非現住建造物等放火罪は，**現に人が居住せず，かつ，人の現在しない建造物
等に放火し，これを焼損させる罪**である。

客体が異なるだけで，基本的には108条と同じである。

ただ，客体が自己の物であれば，刑が軽減される規定（109条2項）の適用
を受ける。

なお，1項は**抽象的危険犯**であるから，焼損によって既遂となるのに対し，
2項は**具体的危険犯**であるから，具体的公共危険の発生をもって初めて既遂と
なる。

[図2　具体的公共危険発生の例]

具体的公共危険の発生が認められない例としては，人家から300メートル以
上離れた山腹で，周囲の木を切り払い，前夜来の小雨の降った状況の下で，付
近に延焼しないように監視しつつ炭焼き小屋を焼いた場合があげられる（広島
高岡山支判昭30.11.15）。

なお，自己物でも，差押えを受ける等，115条に該当する場合には他人物と
して扱われる。

(5) 建造物等以外放火罪

【建造物等以外放火罪】
[110条] 放火して，前二条に規定する物以外の物を焼損し，よって**公共の
危険を生じさせた者**は，1年以上10年以下の懲役に処する。

> [　〃　②]前項の物が自己の所有に係るときは，１年以下の懲役又は十万
> 　　　　円以下の罰金に処する。

　建造物等以外放火罪は，建造物等以外の物に放火し，これを焼損させて**公共の危険**を発生させる罪である。

　客体以外については基本的に108条と同じであるが，すべて**具体的危険犯**であるから，自己物であると他人物であるとを問わず具体的公共危険の発生をもって既遂となる。

［判例］
・刑法110条１項にいう「公共の危険」は，同法108条及び109条１項に規定する建造物等に対する延焼の危険に限られるものではなく，不特定又は多数の人の生命，身体又は前記建造物等以外の財産に対する危険も含まれるところ，市街地の駐車場において，放火された自動車から付近の２台の自動車に延焼の危険が及んだことなどの事実関係が認められれば，刑法110条１項にいう「公共の危険」の発生が認められる（最決平15.4.14）。

（6）延焼罪

　延焼罪とは，109条２項，110条２項の客体を燃やして，108条，109条１項，110条１項の客体に延焼の結果が発生した場合に成立する**結果的加重犯**である。

　結果の生じた客体に対する故意があってはならない。

（7）消火妨害罪

　消火妨害罪とは，火災の際に消火用の器具などを隠匿，損壊またはその他の方法で消火活動を妨害する罪である。

　積極的な妨害行為が必要であり，消火活動に協力を求められた者が協力しなかった場合には軽犯罪法１条８号の罪のみが成立し，本罪にはならない。

（8）失火罪

　失火罪は，過失により火を失して建造物等を焼損する罪である。

3. 偽造罪

　偽造罪は，通貨や文書を偽造・変造することによって，**通貨や文書に対する公共の信用を害することを内容とする罪**であり，具体的には以下のとおりである。

（1）保護法益

　通貨偽造の罪の保護法益は，**通貨に対する公共の信用と国家の通貨発行権**である。

　文書偽造の罪の保護法益は，**文書に対する公共の信用**である。

　有価証券偽造の罪の保護法益は，**有価証券に対する公共の信用**である。

（2）種　類

① **通貨偽造の罪**

　1）通貨偽造罪・同行使罪

　2）外国通貨偽造罪・同行使罪

　3）偽造通貨等収得罪

　4）偽造通貨収得後知情行使罪

　5）通貨偽造準備罪

② **文書偽造の罪**

　1）詔書等偽造罪・同行使罪

　2）**公文書偽造罪**・同行使罪

　3）虚偽公文書作成罪・同行使罪

　4）公正証書原本等不実記載罪・同行使罪

　5）**私文書偽造罪**・同行使罪

　6）虚偽診断書等作成罪・同行使罪

　7）電磁的記録不正作出罪・同供用罪

③ **有価証券偽造の罪**

　有価証券偽造罪・同行使罪

④ **支払用カード電磁的記録に関する罪**

支払用カード電磁的記録不正作出罪・同所持罪・同準備罪

⑤ **印章偽造の罪**

（3）通貨偽造の罪

① 通貨偽造罪・同行使罪

　通貨偽造罪は，行使の目的でわが国において強制通用力を有する貨幣・紙幣・銀行券を偽造・変造する罪である。

　強制通用力を有する通貨でなければならないので，現在通用していない高価な古銭などを偽造しても本罪とはならない。

　偽造とは，通貨の発行権を有しない者が，ほしいままに通常人をして真正の通貨と誤信させる程度の外観を有する偽貨を作り出すことをいう。真正の通貨に加工した場合でも，同一性を失わせるに至れば偽造である。**変造**とは，真正の通貨に加工してその名価を偽ることである。**行使の目的**とは，偽貨を真正の通貨として流通におこうとする目的をいい，行為者自身が流通におこうとするのでも，他人に流通におかせようとするのでもかまわない（最判昭 34.6.30）。

　偽造通貨行使罪は，偽貨を行使または行使の目的で交付・輸入することによって成立する。

　行使とは，真正な通貨として流通におくことであるから，両替に供した場合や，自動販売機に使用した場合には行使罪が成立するが，単に自己の信用を示すために見せても行使罪にはならない。

　交付とは，偽貨である旨を明らかにして他人に渡すことであり，輸入とは，外国からわが国に持ち込むことをいう。

　わが国で事実上流通する外国の通貨を，行使の目的で偽造・変造し，行使等
をする罪である。

③　偽造通貨等収得罪

　行使の目的で偽貨を収得する罪である。

④　偽造通貨収得後知情行使罪

　偽貨とは知らずに収得した者が，偽貨であると知った後に，これを行使する
罪である。

⑤　通貨偽造等準備罪

　通貨偽造罪の準備行為を処罰する犯罪である。器械や原料の準備に限られ
る。

（4）文書偽造の罪

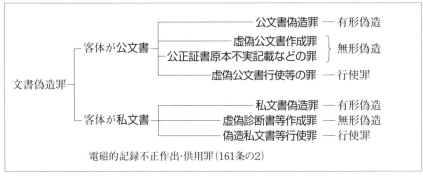

[図3　文書偽造罪の構造（詔書についての 154 条は省略）]

　各罪の説明に入る前に，全体にわたるいくつかの概念をまとめておく。

　文書とは，文字またはこれに代わるべき**可読的符号**を用い，ある程度**永続**す
べき状態において物体上に記された**意思または観念の通知**である。

　文書には名義人が必要であるが，名義人は自然人に限らず法人でもよいし，
一般人をして実在すると誤信するおそれがあれば架空人でもよい。

　名義人は文書に記された意思または観念の主体であって，実質的にその文書
を作成した者である**作成者**とは**区別**されなければならない。

　なお，名義人と作成者とが一致する文書を**真正文書**といい，一致しない文書

を**不真正文書**または**偽造文書**という。真正文書で内容が真実に反するものを**虚偽文書**という。

　文書は，**原本**であることを要するが，判例は**コピー**についても文書偽造となることを認めている（最判昭51.4.30）。

　偽造とは，前述の不真正文書の作成，すなわち，**文書の作成権限を有しない者が，他人名義を冒用して文書を作成**することである。文書の内容の真偽は問わない。

　変造とは，権限のない者が，真正に成立した他人名義の文書の**非本質部分**に変更を加えて新たな証明力を作り出すことをいう。

　虚偽文書作成とは，**権限ある者**が真実に反した内容の文書を作成することである。

　Bが権限を与えられていないのに「A代理人B」という名義の文書を作成した場合，Bに文書偽造罪が成立するか問題になるが（**代理・代表名義の冒用**），判例（最判昭45.9.4）・通説は，文書の表示する法律効果が本人Aに帰属する形式を備えているから，名義人を本人Aであると考え**有形偽造罪（私文書偽造罪）**の成立を認める。私文書の場合，名義人の事前の承諾があれば私文書偽造罪は成立しないと解されているが，判例は，**交通違反切符の供述書**のように特に**自署性**が要求される文書については，同意があっても例外的に私文書偽造罪の成立を認める（最決昭56.4.16）。

① 詔書等偽造罪・同行使罪

　天皇文書を偽造・変造する罪，および偽造の天皇文書を行使する罪である。

② 公文書偽造罪・同行使罪

　行使の目的をもって公文書を偽造・変造する罪である。

　公文書とは，日本の公務員が作成すべき文書をいう。

③ 虚偽公文書作成罪・同行使罪

　行使の目的をもって虚偽の内容を記入し，公務員の虚偽公文書作成を処罰するものである。

④ 公正証書原本等不実記載罪・同行使罪

　虚偽公文書作成の**間接正犯**的規定である。

⑤ 私文書偽造罪・同行使罪

　行使の目的をもって，権利義務または事実証明に関する私文書を偽造・変造する罪である。

> ［判例］
> ・本邦に密入国し外国人の新規登録申請をしていないにもかかわらず，甲名義で発行された外国人登録証明書を他から取得し，その名義で登録事項確認申請を繰り返すことにより，自らが外国人登録証明書の甲その人であるかのように装って本邦に在留を続けていた X が，甲名義を用いて再入国許可申請書を作成・行使した所為は，X において甲という名称を永年自己の氏名として公然使用した結果，それが相当広範囲に被告人を指称するものとして定着していた場合であっても，私文書偽造・同行使罪にあたる（最判昭 59.2.17）。
> ・正規の国際運転免許証に酷似する文書をその発給権限のない団体 A の名義で作成した行為は，一般人をして，当該文書が発給権限を有する団体 A により作成された正規の国際運転免許証であると信用させるに足りるものであるなどの事実関係の下では，団体 A から上記文書の作成を委託されていたとしても，私文書偽造罪に当たる（最決平 15.10.6）。

> ［判例］
> ・入学選抜試験の答案は，試験問題に対し，志願者が正解と判断した内容を所定の用紙の解答欄に記載する文書であり，それ自体で志願者の学力が明らかになるものではないが，それが採点されて，その結果が志願者学力を示す資料となり，これを基に合否の判定が行われ，合格の判定を受けた志願者が入学を許可されるのであるから，志願者の学力の証明に関するものであって，「社会生活に交渉を有する事項」を証明する文書に当たる（最決平 6.11.29）。

⑥ 虚偽診断書等作成罪・同行使罪

　虚偽の私文書作成罪である。私文書の虚偽作成は本罪だけである。

⑦ 電磁的記録不正作出罪・同供用罪

（5）有価証券偽造の罪

有価証券偽造罪・同行使罪。

　有価証券とは，財産権を表示した証券で，表示された権利の行使・処分に証

券の所持を必要とするものをいう。本罪は有価証券について，行使の目的で偽造・変造・虚偽記入する行為を処罰する。

（6）支払用カード電磁的記録に関する罪

社会生活上重要な機能を営んでいる種々のカードを巡る不正行為については，詐欺罪窃盗罪，有価証券変造罪等で対処していたが，支払用・引出用カードを構成する電磁的記録を不正に作ることや外国で偽造されたクレジットカードの輸入，また偽造されたカードの所持や譲渡等は現行法ではその規制は不可能ないし不十分だったこと，又カードを巡る犯罪が国際的に行われることに対応できないことを考慮して設けられたものである。

（7）印章偽造の罪

実質的には，文書偽造罪などの未遂を処罰するものである。

（8）コンピュータ・ウィルスの作成・供用等の罪

増加するサイバー犯罪などに適切に対処するため，平成23年改正により新設された。正当な理由がないのに，無断で他人のコンピュータにおいて実行させる目的で，コンピュータ・ウイルスを作成・提供・供用・取得・保管する行為を処罰するものである（168条の2，3）。コンピュータ・ウイルスの作成自体が処罰対象になっているのが特徴的である。

ただし，アンチウイルスソフト開発のためにコンピュータ・ウイルスを作成・供用等するのは「正当な理由」があるので処罰されない。また，他人の同意があるときも「無断で」に該当しないので処罰されない。

ポイント整理

1 放火罪の保護法益は，主として公共の安全であるが，副次的に個人の財産権も保護法益とされている。

2 現住建造物等放火罪は，現に人の居住しまたは人の現在する建造物等に放火し，これを焼損させる罪である。

3 放火とは，火を放つ行為であって作為・不作為は問わない。

4 現住建造物を焼損させる意図で隣接する物置に火をつけるのは，現住建造物放火罪の実行の着手である。

5 焼損の意義について判例は，火が媒介物を離れて目的物に燃え移り独立して燃焼しうる状態に至ったことと解している。

6 天井板約1尺四方が焼ければ焼損が認められるが，雨戸などの取り外しのきく物が独立燃焼状態になったとしても，建造物自体はまだ独立燃焼状態にないので未遂にとどまる。

7 現住建造物等放火罪は抽象的危険犯であり，焼損によってただちに既遂となる。

8 被害者一人しか住んでいなかった住居を，その承諾の下に焼損した場合には，非現住建造物等放火罪の自己物についての規定（109条2項）が適用される。

9 非現住建造物等放火罪は現に人が居住せず，かつ人の現在しない建造物等に放火しこれを焼損させる罪である。

10 109条1項は抽象的危険犯であるから，焼損によって既遂となるのに対し，2項は具体的危険犯であるから，具体的公共危険の発生をもって初めて既遂となる。

11 偽造罪は，通貨や文書を偽造・変造することによって通貨や文書に対する公共の信用を害することを内容とする罪である。

12 通貨偽造罪は，行使の目的でわが国において強制通用力を有する貨幣・紙幣・銀行券を偽造・変造する罪である。

13 強制通用力を有する通貨でなければならないので，現在通用していない高価な古銭などを偽造しても本罪とはならない。

14 偽造とは，通貨の発行権を有しない者が，ほしいままに通常人をして真正の通貨と誤信させる程度の外観を有する偽貨を作り出すことをいう。

15 変造とは，真正の通貨に加工してその名価を偽ることである。

16 行使の目的とは，偽貨を真正の通貨として流通におこうとする目的をいい，行為者自身が流通におこうとするのでも，他人に流通におかせようとするのでもかまわない。

17 行使とは，真正な通貨として流通におくことであるから，両替に供した場合や，自動販売機で使用した場合には行使罪が成立するが，単に自己の信用を示すために見せても行使罪にはならない。

18 文書とは，文字またはこれに代わるべき可読的符号を用い、ある程度永続すべき状態において物体上に記された意思または観念の通知である。

19 文書には名義人が必要であるが，名義人は一般人をして実在すると誤信するおそれがあれば架空人でもよい。

20 文書の偽造とは名義を偽ることであり，虚偽記入とは内容を偽ることである。

社会的・国家的法益に対する罪

Exercise

問題①　放火の罪に関する次のA〜Dの記述の正誤の組合せとして最も適当なものはどれか（争いのあるときは，判例の見解による。）。

A　行為者が，1個の放火行為により2個の現住建造物を焼損させた場合は，生じた公共の危険が1個と評価されるときでも，2個の現住建造物等放火罪が成立し観念的競合となる。

B　行為者が自動車に放火して焼損させた場合当該自動車が他人所有であれば公共の危険の発生がなくても建造物等以外放火罪によって処罰されるが，当該自動車が自己所有であれば，公共の危険の発生がなければ建造物等以外放火罪によって処罰されることはない。

C　行為者が，妻子と同居している建造物に，妻子が買物のために外出している間に無断で放火して焼損させた場合，当該建造物の所有者が行為者であるときは，自己所有の非現住建造物等放火罪が成立する。

D　行為者が，現住建造物を焼損させる目的で，その至近距離に隣接する現に人がいない物置に放火したが，当該物置を焼損させるにとどまった場合でも，現住建造物等放火罪の未遂罪が成立する。

	A	B	C	D
1	誤	誤	誤	正
2	誤	正	誤	誤
3	誤	正	正	正
4	正	誤	誤	誤
5	正	正	正	誤

（裁Ⅱ平17）

....

解説

A　誤。放火罪は公共危険罪であるから，罪数は，発生した公共の危険の個数により決定される。発生した公共の危険が1個と認められる限り，数個の建造物が焼損し，複数の個人的法益が侵害されても，本条の罪は単純一罪である（大判大 2.3.7）。

B　誤。建造物等以外放火罪（110条）は，他人所有か自己所有かを問わず，「公共の危険を生じさせた」場合に成立する。よって，他人所有であっても，公共の危険の発生なければ，建造物等以外放火罪によって処罰されることはない。

C　誤。刑法 108 条にいう「現に人が住居に使用し」とは，犯人以外の者が起臥寝食の場として日常的に使用していることである。そして，建造物に居住する妻子が買い物のために外出しているだけでは，その建造物を日常使用しているという性質を失うことはない。よって，行為者は現住建造物放火罪の罪責を負う。

D　正。現住建造物を焼損させる目的で，その至近距離に隣接する現に人がいない物置に放火した場合，現住建造物に関する関係において，法益侵害の現実的危険性が認められるので，実行の着手が認められ，現住建造物等放火罪（108 条）の未遂罪が成立する。

以上より，A：誤，B：誤，C：誤，D：正となり，**1**が正解となる。

解答　1

問題②　放火罪についての判例に関する記述として妥当なのはどれか。

1 放火行為は「焼損」によって既遂となるが，その「焼損」は，火が導火材料を離れて目的物に燃え移り，独立して燃焼し得る状態に達していれば足り，たとえその目的物の効用を失わしめるに至らなくても，焼損の結果を生じたものとする。

2 放火罪は，個人の財産的法益を保護するものであるから，一個の放火行為により数個の建造物を焼損した場合には，それらの建造物個々について放火罪が成立する。

3 集合住宅のマンション内部に設置されたエレベーターのかご内で火を放ち，その側壁の一部を燃焼させたとしても，当該エレベーターは各居住空間部分とは別の建造物であるから，現住建造物等の放火に当たらない。

4 刑法 108 条の「現に人が住居に使用」する建造物とは，放火当時に犯人以外の者の起臥寝食する場所として日常使用に供せられているものをいい，犯人以外の者が現に住居として使用していない場合は当該建造物には当たらない。

5 放火の犯人が，導火材料の燃焼により目的とする他人の住宅を焼損しうることを認識しつつ，その材料に点火して燃焼を継続しうべき状態に置いたとしても，いまだ当該住宅に延焼していない場合には，現住建造物等放火罪の未遂犯は成立しない。

（労基平 17）

解説

1 妥当な記述である。判例は，放火罪にいう「焼損」とは，導火材料（媒介物）を離れて独立して燃焼作用を営むことができる状態に達したことをいうとして（独立燃焼説），たとえ目的物の効用を喪失させなくても，焼損の結果を生じさせたとして，放火罪の既遂に達したものとすべきとしている（大判大 7.3.15）。

2 誤。放火罪は公共危険罪であるから，罪数は発生した公共の危険の個数により決定される。発生した公共の危険が 1 個と認められる限り，数個の建造物が焼損し，複数の個人的法益が侵害されても，放火罪の単純一罪である（大判大 2.3.7）。

3 誤。判例は，本肢の事例のように，エレベーターのかごの側壁の一部を燃焼した行為について，現住建造物等放火罪の成立を認めた（最決平元.7.7）。エレベーターが居住部分と一体的に使用されている限り，玄関の延長と考えることができ，エレベーターの放火により住民等が被害を受ける危険性は，居住部分への放火の場合と基本的に変わらないからである。

4 誤。前段は妥当である。しかし，犯人以外のものが現に住居として使用していない場合であっても，夜だけ寝泊りするという場合でもよいし，1 個の建造物の一部が起臥寝食の場として使用されていれば，全体が住居に当たる。

5 誤。放火の犯人が本肢のような故意で，導火材料に点火して焼損を継続できる状態に置けば，現住建造物に対する放火の現実的危険は発生しているので，未遂罪が成立する。判例も同様に解している（大判大 3.10.2）。

解答 **1**

問題③ 文書偽造の罪に関する次の記述のうち，法令及び判例に照らし，最も妥当なのはどれか。

1 行使の目的で，公務所の印章を使用して公務所の作成すべき文書を偽造した場合であっても，当該文書を偽造した者が公務員でなければ，公文書偽造の罪は成立しない。

2 公正証書原本不実記載の罪は，虚偽の申立てを受けた公務員が，当該虚偽に気付くことなく，権利又は義務に関する公正証書の原本に不実の記載をし

た場合に，当該公務員について成立する。

3 行使の目的で，虚偽の内容の公文書を作成した場合，虚偽公文書作成の罪は身分犯ではないため，当該文書の作成者が公務員でなくても，同罪が成立する。

4 他人の印章や署名を使用して，権利，義務又は事実証明に関する文書を偽造した場合であっても，行使の目的がなければ，私文書偽造の罪は成立しない。

5 運転免許証については，一定の場合にこれを提示すべき義務が法令上定められているため，自動車を運転する際に偽造した運転免許証を携帯しているにとどまる場合であっても，偽造公文書行使罪に当たる。

（労基平30）

解説

1 誤。行使の目的で，公務所の印章を使用して公務所の作成すべき文書を偽造した場合には，有印公文書偽造罪が成立する（155条1項）。同罪は，当該文書の作成権限がない者による偽造（有形偽造）を処罰する罪である。したがって，私人の偽造行為に対して同罪が成立するのが通常である。他方，公務員が主体となる偽造の罪としては，虚偽公文書作成罪が規定されている（156条）。

2 誤。公正証書原本不実記載罪は，公務員に対して虚偽の申立てをして，権利または義務に関する公正証書の原本に不実の記載をさせた者に成立する罪である（157条1項）。したがって，虚偽の申立てを受けて公正証書の原本に不実の記載をした公務員自体には，同罪は成立しない。また，本罪にいう「公務員」は，記載すべき事項が不実であることを知らない者であることを要するので，仮に公務員が当該虚偽に気づいていた場合には，同人には虚偽公文書作成罪（156条）が成立し得る。

3 誤。虚偽公文書作成罪（156条）は，公務員の身分が必要な身分犯と解されている。したがって，同罪の主体は公務員に限られる。よって，行使の目的で，虚偽の内容の公文書を作成した場合，当該文書の作成者が公務員でなければ同罪は成立しない。

4 妥当な記述である。目的犯とは，一定の目的を有することが成立要件とされている犯罪をいう。私文書偽造罪は，行使の目的が必要とされる目的犯である（159条1項）。

5 誤。偽造公文書行使罪（158 条1項）における「行使」とは，偽造文書を真正の文書として他人に認識させ，または認識しうる状態におくことをいう。運転免許証を携帯していただけでは，いまだ免許証を他人の閲覧に供し，その内容を認識しうる状態においたとはいえないため，「行使」には当たらず，偽造公文書行使罪は成立しない（最大判昭 44.6.18）。保護法益である公共の信用が全く害されていないからである。

解答 **4**

重要度
★☆☆

2 国家的法益に対する罪

国家的法益に対する罪の分野では，公務執行妨害罪と収賄罪の出題可能性があるだけなので，この両者についての基本的知識を学習します。

1. 公務執行妨害罪

【公務執行妨害罪】

[95条①] 公務員が職務を執行するに当たり，これに対して**暴行又は脅迫**を加えた者は，三年以下の懲役若しくは禁錮又は50万円以下の罰金に処する。

公務執行妨害罪は，職務執行中の公務員に暴行・脅迫を加える罪である。**平成18年改正により，罰金刑が導入**された。

（1）保護法益

公務執行妨害罪は，公務員に対する暴行・脅迫が実行行為とされているが，**その保護法益は公務員の担当する公務の円滑な執行という国家的法益**である。当該**公務員の身体ではない**ので注意する必要がある。

（2）成立要件

① 客 体

公務員（7条）である。

② 行 為

公務員が職務を執行するに当たり，これに対して**暴行**または**脅迫**を加えることである。

ここに公務員の「職務」とは広く公務員が担当する職務をいい，必ずしも人を強制するものに限らないとするのが判例・通説である（最判昭53.6.29）。

職務を「執行するにあたり」とは，現に職務執行中である場合のみならず，まさに職務を開始しようという段階，職務を終えた直後を含む（最判昭

225

45.12.22 ほか)。

　また，職務執行は分断して考えることが難しいことから，明らかに休憩中などの場合を除いては，職務を「執行するに当たり」といえる。

　職務は，保護に値するものでなければならないから，**適法なもの**であることが要求されるが，軽微な手続き違背だけでは適法性は失われない（最判昭27.3.28)。

　暴行・脅迫は，いずれも**広義**のそれをいう。したがって，暴行は公務員に向けられたものであれば足り，公務員に間接的に影響を与えうるものであれば，直接には物に対する暴行でも（大判大6.12.20），公務員の手助けをしている非公務員に向けられたものでもよい（最判昭41.3.24）。ただし，積極的になされる必要がある（最大判昭26.7.18)。

　暴行・脅迫は，公務の円滑な執行を妨害しうる程度のものであれば足り，そのような暴行・脅迫がなされれば本罪はただちに既遂となる（最判昭25.10.20)。現に，職務の執行が妨害されたかどうかを問わない。

③　**故　意**

　本罪は**故意犯**であるから，公務員が職務を執行するにあたって，これに暴行・脅迫を加えることを認識・認容していることが必要である。

2.　賄賂の罪

　賄賂に関する罪には，収賄罪と贈賄罪とがある。**収賄罪**とは，公務員が職務に関して賄賂を収受・要求・約束する罪であり，**贈賄罪**とは，公務員に賄賂を供与・申込み・約束する罪である。

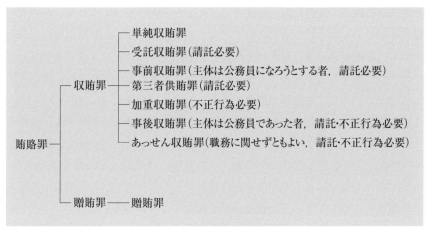

[図4 賄賂罪の構造]

（1）保護法益

賄賂罪の**保護法益**は，**公務員の職務行為の清廉さおよび職務の公正に対する
国民の信頼**である。

（2）種 類

賄賂に関する犯罪は具体的には以下のようなものがある。

① 単純収賄罪

公務員が，その職務に関して賄賂を収受・要求・約束する罪である（197条
1項前段）。公務員という身分を有する者のみが犯しうる**真正身分犯**である。

「**賄賂**」とは，公務員の職務に関する不正の報酬であって，およそ人の欲求
を満たす利益であれば，金品に限らず債務の免除や異性との情交もこれにあた
る。

賄賂は「職務に関」するものでなければならないが，職務行為自体でなくて
も職務と密接な関係を有する行為に関する場合であれば，国民の公務に対する
信頼を害する以上「**職務に関し**」といえる（最判昭25.2.28）。

「**職務**」とは，公務員が現に具体的に担当する事務でなくても，**当該公務員
の一般的・抽象的権限内の行為**であれば足りる（最判昭37.5.29）。

社会的・国家的法益に対する罪

判例は**転職前の職務に関し賄賂を受け取った場合**について，公務員が一般的職務権限を異にする他の職務に転じた後に前の転職に関して賄賂を収受した場合でも，**右収受の当時収受者が公務員である以上**，収賄行為は直前まで行っていた公務に対するものなので，当該収賄行為は公務に対する社会的信頼を害する程度が強いとして**賄賂罪が成立**するとしている（最決昭58.3.25）。

　さらに判例は，内閣総理大臣が特定機種の航空機の購入を勧奨する行政指導を行なうように運輸大臣を指揮したという事案において（**ロッキード事件丸紅ルート**），内閣総理大臣は，その憲法，内閣法上の地位及び権限に照らすと，内閣の明示の意思に反しない限り行政各部に対して指導・助言等の指示を与える権限を有するとして，その職務権限を肯定した（最判平7.2.22）。

　また，当該公務員の独立の権限に基づくものでなく，上司の補助的な地位にある場合であってもかまわない。

　「賄賂」は，これらの**職務行為と対価関係にあること**が必要である。

　なお，職務行為は，不正のものであることを要しない。

② **受託収賄罪**

　賄賂の収受等に際して「請託」のあった場合を重く処罰するものである（197条1項後段）。

　「請託」とは，職務に関して一定の行為をおこなうことを依頼することである（最判昭30.3.17）。依頼された一定の行為は正当なものであってもよい（最判昭27.7.22）。

　請託を「受けた」ことが必要であるから，公務員等が依頼を承諾することが必要である（最判昭29.8.20）。

③ **事前収賄罪**

　公務員にこれからなろうとする者が，事前に将来担当すべき職務に関し請託を受けて賄賂を収受・要求・約束する罪である（197条2項）。

　公務員になって初めて処罰される（**処罰条件**）。

④ **第三者供賄罪**

　第三者に対して賄賂が供与される場合など，収賄罪の潜脱行為を処罰するものである（197条の3）。

⑤　**加重収賄罪**

収賄行為とともに**職務違背行為**がなされた場合についての加重類型である（197条の3の1・2）。

職務に違背する行為であれば，作為・不作為を問わず，法令違背であろうと裁量権の著しい逸脱であろうとかまわない。

⑥　**事後収賄罪**

公務員の在職中の職務違背行為について，**退職後**に収賄する罪である（197条の3の3）。

⑦　**あっせん収賄罪**

公務員が**他の公務員の職務違背行為をあっせん**したことの報酬として収賄する罪である（197条の4）。

「あっせん」とは，一定の事項についてある人と相手方との間に立って仲介し，交渉が成立するように便宜を図ることである。

なお，本罪は，賄賂が「あっせん」の対価である点，主体が公務員のみである点で他の罪と異なるから注意する必要がある。

⑧　**贈賄罪**

公務員に賄賂を贈る側を処罰するものである（198条）。

主体に限定はない。行為は，賄賂の供与・申込み・約束である。

ポイント整理

1　公務執行妨害罪の保護法益は，公務員の担当する公務の円滑な執行という国家的法益である。

2　公務員の「職務」とは広く公務員が担当する職務をいい，必ずしも人を強制するものに限らない。

3　職務を「執行するに当たり」とは，現に職務執行中である場合のみならず，まさに職務を開始しようという段階，職務を終えた直後を含む。

4　職務執行は分断して考えることが難しいことから，明らかに休憩中な

どの場合を除いては，職務を「執行するに当たり」といえる。

5 職務は適法なものであることが要求されるが，軽微な手続き違背だけでは適法性は失われない。

6 暴行は公務員に向けられたものであれば足り，公務員に間接的に影響を与えうるものであれば直接には物に対する暴行でも，公務員の手助けをしている非公務員に向けられたものでもよい。

7 暴行・脅迫は積極的になされる必要がある。

8 暴行・脅迫は，公務の円滑な執行を妨害しうる程度のものであれば足り，そのような暴行・脅迫がなされれば本罪はただちに既遂となる。

9 賄賂罪の保護法益は，公務員の職務行為の清廉さおよび職務の公正に対する国民の信頼である。

10 収賄罪は公務員という身分を有する者のみが犯しうる真正身分犯である。

11 「賄賂」とは，公務員の職務に関する不正の報酬であって，およそ人の欲求を満たす利益であれば，金品に限らず債務の免除や異性との情交もこれにあたる。

12 「職務に関する」とは，職務行為自体のみならず職務と密接な関係を有する行為も含む。

13 「職務」とは，公務員が現に具体的に担当する事務でなくても，当該公務員の一般的・抽象的権限内の行為であれば足りる。

14 「請託」とは，職務に関して一定の行為をおこなうことを依頼することである。

15 収賄行為とともに職務違背行為がなされた場合は，加重収賄罪が成立し，加重処罰される。

Exercise

問題①　狭義の公務執行妨害罪の成立要件に関する次の記述のうち，判例・通説に照らし，妥当なものはどれか。

1 暴行・脅迫は，職務執行の妨害となるべきものでは足りず，現実に妨害の結果が生じたことを要する。

2 暴行・脅迫は，必ずしも積極的なものであることを要しないから，逮捕に向かった警察官に対し，スクラムを組んで労働歌を高唱し，気勢を上げれば本罪は成立する。

3 暴行は公務員の身体に加えられることを要するから，押収されたたばこを道路に投げ捨てても本罪は成立しない。

4 職務の執行といっても，職務は強制的性質をもつものであることを要するわけではない。

5 職務は執行中であることを要し，執行開始の直前は含まないから，公務員が差押え物件の運搬を開始する直前に，これに暴行を加えても，本罪は成立しない。

・・

解説

1 誤。公務執行妨害罪の成立には，公務員の職務の執行にあたって，当該公務員に対して職務の円滑な執行を妨げるような暴行・脅迫がなされれば足り，現に職務執行が妨害されたことは要しない（最判昭 25.10.20）。

2 誤。公務執行妨害罪の暴行・脅迫は積極的なものである必要がある。判例は同様の事案において公務執行妨害罪の成立を否定している（最判昭 26.7.18）。

3 誤。本罪の暴行は公務員の身体に物理的な影響を与えるようなものは，直接には物に対する暴行でも含むと解されている（最判昭 26.3.20）。

4 妥当な記述である。判例は，本罪の公務は必ずしも強制力をともなうものでなくともよいと解している（大判明 42.4.17）。

5 誤。判例は職務執行の直前・直後を含むと解している（大判明 42.4.26，最決平元 .3.10）。

解答　4

問題②　公務執行妨害罪に関する判例として妥当なのはどれか。

1 公務執行妨害罪が成立するためには公務員の職務行為が適法であることを要するが，職務行為の適否は事後的に純客観的な立場から判断されるべきではなく，行為当時の状況に基づいて客観的，合理的に判断されるべきである。

2 県議会の委員会において，委員長が休憩に入る旨を宣言し，退室しようとしたところに，陳情者が委員長の退去を阻止すべく同委員長に暴行を加えた場合，公務執行中ではないため，公務執行妨害罪は成立しない。

3 公務執行妨害罪は公務員が職務を執行するに当たりこれに対して暴行又は脅迫を加えたときに直ちに成立するものではなく，その暴行又は脅迫により現実に職務執行妨害の結果が発生したことを必要とするものである。

4 刑法第 95 条第 1 項にいう「暴行」とは，直接に公務員の身体に向けられた有形力の行使であることが必要であり，当該公務員の指揮に従いその手足となりその職務の執行に密接不可分の関係において関与する補助者に対してなされた場合には該当しない。

5 収税官吏が所定の検査章を携帯せずに行った帳簿，書類，その他の物件の検査は法令上の方式に違反するものであるから，当該官吏に対して暴行又は脅迫を加えた場合であっても，公務執行妨害罪は成立しない。

（労基平 15）

- -

解説

1 妥当な記述である。本肢は，職務の適法性に関するものである。職務の適法性については，適法性の要件とその判断基準が問題となる。職務の適法性の判断基準については争いがあるが，裁判所により客観的に判断されるべきとする見解（客観説）が判例である。そして，客観説を採った上で適法性の判断時点を裁判時と解する見解と行為時（職務行為をした時点）とする見解があるが，行為時を判断基準とする見解（行為時基準説）が判例である（最決昭41.4.14）。

2 誤。本罪は，公務員自体ではなく公務を保護するものであるから，公務員に対する暴行・脅迫も「職務を執行するに当たり」加えられる必要がある。そして，「職務を執行するに当たり」の意義については，職務執行との時間的接着性や一体性が必要と解されている。判例は，本肢と同様の事案で，公務執行妨害

罪の成立を認めている（最決平元 .3.10）。

3 誤。本罪の暴行・脅迫は，公務員による職務の執行を妨害するに足りる程度のものであればよく，これにより職務執行妨害の結果が発生したことは必要でない。その意味で，本罪は抽象的危険犯である（最判昭 33.9.30）。

4 誤。本罪にいう「暴行」とは，暴行罪（208 条）の暴行より広く，公務員の身体に加えられたものに限られず，直接・間接を問わず公務員に向けられた不法な有形力の行使（間接暴行）を意味する。したがって，物や第三者に対して加えられた暴行であっても，それが間接的に公務員に対して物理的な影響をもつ場合には本罪の暴行に含む。本肢の場合は，職務執行に不可分の関係において関与する補助者に対してなされた場合には，間接的に公務員にその影響が及ぶといえるので，「暴行」に該当する（最判昭 41.3.24）。

5 誤。肢 1 で述べたように，公務執行妨害罪が成立するには，職務の適法性が必要であるが，本肢では適法性の要件が問題となる。判例は，本肢と同様の事案で，法令上の方式に違反するものであるから違法であるが，直ちに要保護性が失われるものではないとして，公務執行妨害罪を成立させている（最判昭 27.3.28）。

解答 **1**

判例索引

本書の内容は、小社より2020年1月に刊行された
「公務員試験　過去問攻略Vテキスト　6　刑法」(ISBN：978-4-8132-8350-8) と
同一です。

こう む いん し けん　　 か こ もんこうりゃくぶい　　　　　　　　　　 けいほう　　しんそうばん
公務員試験　過去問攻略Vテキスト　　6　刑法　新装版

2020年1月15日　初　版　第1刷発行
2024年4月1日　　新装版　第1刷発行

編　著　者　　Ｔ　Ａ　Ｃ　株　式　会　社
　　　　　　　　　　　　　　　（公務員講座）
発　行　者　　多　　　田　　　敏　　　男
発　行　所　　ＴＡＣ株式会社　出版事業部
　　　　　　　　　　　　　　　（ＴＡＣ出版）
〒101-8383
東京都千代田区神田三崎町3-2-18
電話　03(5276)9492(営業)
FAX　03(5276)9674
https://shuppan.tac-school.co.jp

印　　　刷　　株式会社　ワ　　コ　　ー
製　　　本　　東 京 美 術 紙 工 協 業 組 合

© TAC 2024　　　Printed in Japan　　　ISBN 978-4-300-11146-8
　　　　　　　　　　　　　　　　　　　　 N.D.C. 317

本書は、「著作権法」によって、著作権等の権利が保護されている著作物です。本書の全部または一部
につき、無断で転載、複写されると、著作権等の権利侵害となります。上記のような使い方をされる場合，
および本書を使用して講義・セミナー等を実施する場合には、あらかじめ小社宛許諾を求めてください。

乱丁・落丁による交換，および正誤のお問合せ対応は，該当書籍の改訂版刊行月末日までとい
たします。なお，交換につきましては，書籍の在庫状況等により，お受けできない場合もござ
います。
また，各種本試験の実施の延期，中止を理由とした本書の返品はお受けいたしません。返金も
いたしかねますので，あらかじめご了承くださいますようお願い申し上げます。

公務員講座のご案内

大卒レベルの公務員試験に強い！

2022年度 公務員試験

公務員講座生[1]
最終合格者延べ人数[2]

5,314名

国家公務員 (大卒程度)	計 **2,797**名
地方公務員 (大卒程度)	計 **2,414**名
国立大学法人等	大卒レベル試験	**61**名
独立行政法人	大卒レベル試験	**10**名
その他公務員		**32**名

※1 公務員講座生とは公務員試験対策講座において、目標年度に合格するために必要と考えられる、講義、演習、論文対策、面接対策等をパッケージ化したカリキュラムの受講生です。単科講座や公開模試のみの受講生は含まれておりません。
※2 同一の方が複数の試験種に合格している場合は、それぞれの試験種に最終合格者としてカウントしています。(実合格者数は2,843名です。)
＊2023年1月31日時点で、調査にご協力いただいた方の人数です。

1位 全国の公務員試験で合格者を輩出！

詳細は公務員講座（地方上級・国家一般職）パンフレットをご覧ください。

2022年度 国家総合職試験

公務員講座生[1]

最終合格者数 **217**名

法律区分	**41**名	経済区分	**19**名
政治・国際区分	**76**名	教養区分[2]	**49**名
院卒/行政区分	**24**名	その他区分	**8**名

※1 公務員講座生とは公務員試験対策講座において、目標年度に合格するために必要と考えられる、講義、演習、論文対策、面接対策等をパッケージ化したカリキュラムの受講生です。単科講座や公開模試のみの受講生は含まれておりません。
※2 上記は2022年度目標の公務員講座最終合格者のほか、2023年度目標公務員講座生の最終合格者40名が含まれています。
＊ 上記は2023年1月31日時点で調査にご協力いただいた方の人数です。

2022年度 外務省専門職試験

最終合格者総数55名のうち
54名がWセミナー講座生[1]です。

合格者占有率[2] **98.2%**

外交官を目指すなら、実績のWセミナー

※1 Wセミナー講座生とは、公務員試験対策講座において、目標年度に合格するために必要と考えられる、講義、演習、論文対策、面接対策等をパッケージ化したカリキュラムの受講生です。各種オプション講座や公開模試など、単科講座のみの受講生は含まれておりません。また、Wセミナー講座生はそのボリュームから他校の講座生と掛け持ちすることは困難です。
※2 合格者占有率は「Wセミナー講座生(※1)最終合格者数」を、「外務省専門職採用試験の最終合格者総数」で除して算出しています。また、算出した数字の小数点第二位以下を四捨五入して表記しています。
＊ 上記は2022年10月10日時点で調査にご協力いただいた方の人数です。

WセミナーはTACのブランドです

資格の学校 TAC

合格できる3つの理由

1 必要な対策が全てそろう！ ALL IN ONEコース

TACでは、択一対策・論文対策・面接対策など、公務員試験に必要な対策が全て含まれているオールインワンコース（=本科生）を提供しています。地方上級・国家一般職／国家総合職／外務専門職／警察官・消防官／技術職／心理職・福祉職など、試験別に専用コースを設けていますので、受験先に合わせた最適な学習が可能です。

▶ カリキュラム例：地方上級・国家一般職 総合本科生

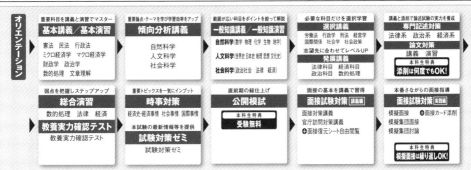

オリエンテーション	重要科目を講義と演習でマスター **基本講義／基本演習** 憲法 民法 行政法 ミクロ経済学 マクロ経済学 財政学 政治学 数的処理 文章理解	重要論点・テーマを学び学習効率をアップ **傾向分析講義** 自然科学 人文科学 社会科学	範囲が広い科目をポイントを絞って解説 **一般知識講義／一般知識演習** 自然科学（数学 物理 化学 生物 地学） 人文科学（世界史 日本史 地理 思想 文化史） 社会科学（政治社会 法律 経済）	必要な科目だけを選択学習 **選択講義** 労働法 行政学 刑法 経営学 国際関係 社会学 社会政策 志望先に合わせてレベルUP **発展講義** 法律科目 経済科目 政治科目 数的処理	講義と添削で論述試験の実力を養成 **専門記述対策** 法律系 政治系 経済系 **論文対策** 講義 演習 **本科生特典** 添削は何度でもOK！
	弱点を把握しステップアップ **総合演習** 数的処理 法律 経済 **教養実力確認テスト** 教養実力確認テスト	重要トピックを一気にインプット **時事対策** 経済史・経済事情 社会事情 国際事情 本試験の最新情報等を提供 **試験対策ゼミ** 試験対策ゼミ	直前期の総仕上げ **公開模試** **本科生特典** 受験無料	面接の基本を講義で習得 **面接試験対策**（講義編） 面接対策講義 官庁訪問対策講義 ＋面接復元シート自由閲覧	本番さながらの面接指導 **面接試験対策**（実践編） 模擬面接 ＋面接カード添削 模擬集団面接 模擬集団討論 **本科生特典** 模擬面接は繰り返しOK！

※上記は2024年合格目標コースの内容です。カリキュラム内容は変更となる場合がございます。

2 環境に合わせて選べる！ 多彩な学習メディア

通学メディア

教室＋Web講座
教室・ビデオブース・Webで講義が受けられる

ビデオブース＋Web講座
TAC校舎のビデオブースとWeb講義で自分のスケジュールで学習

通信メディア

Web通信講座
外出先で、さらにWebで。自由に講義が受けられる！

フォロー制度も充実！ 受験生の毎日の学習をしっかりサポートします。	▶ 欠席・復習用フォロー クラス振替出席フォロー クラス重複出席フォロー	▶ 質問・相談フォロー 担任講師制度・質問コーナー 添削指導・合格者座談会	▶ 最新の情報提供 面接復元シート自由閲覧 官公庁・自治体業務説明会 など

※上記は2024年合格目標コースの一例です。年度やコースにより変更となる場合がございます。

3 頼れる人がそばにいる！ 担 任 講 師 制 度

TACでは教室講座開講校舎と通信生専任の「担任講師制度」を設けています。最新情報の提供や学習に関する的確なアドバイスを通じて、受験生一人ひとりを合格までアシストします。

▶ 担任カウンセリング

学習スケジュールのチェックや苦手科目の克服方法、進路相談、併願先など、何でもご相談ください。担任講師が親身になってお答えします。

オンラインでも実施！

▶ ホームルーム（HR）

時期に応じた学習の進め方などについての「無料講義」を定期的に実施します。

Webホームルーム（HR）標準装備！

パンフレットのご請求は

TAC カスタマーセンター 0120-509-117
ゴウカク イイナ

受付時間
平 日 9:30〜19:00
土曜・日曜・祝日 9:30〜18:00

※受付時間は、変更させていただく場合がございます。詳細は、TACホームページにてご確認いただきますようお願い申し上げます。

TACホームページ https://www.tac-school.co.jp/

公務員講座のご案内

無料体験入学のご案内
3つの方法でTACの講義が体験できる！

教室で体験
迫力の生講義に出席

予約不要！ 最大3回連続出席OK！

1. 校舎と日時を決めて、当日TACの校舎へ
TACでは各校舎で毎月体験入学の日程を設けています。

2. オリエンテーションに参加（体験入学1回目）
初回講義「オリエンテーション」にご参加ください。体験入学ご参加の際に個別にご相談をお受けいたします。

3. 講義に出席（体験入学2・3回目）
引き続き、各科目の講義をご受講いただけます。参加者には体験用テキストをプレゼントいたします。

● 最大3回連続無料体験講義の日程はTACホームページと公務員講座パンフレットでご覧いただけます。
● 体験入学はお申込み予定の校舎に限らず、お好きな校舎でご利用いただけます。
● 4回目の講義前までにご入会手続きをしていただければ、カリキュラム通りに受講することができます。

※地方上級・国家一般職、理系（技術職）、警察・消防以外の講座では、最大3回連続体験入学を実施しています。また、心理職・福祉職はTAC動画チャンネルで体験講義を配信しています。
※体験入学1回目や2回目の後でもご入会手続きは可能です。「TACで受講しよう！」と思われたお好きなタイミングで、ご入会いただけます。

ビデオで体験
校舎のビデオブースで体験視聴

TAC各校のビデオブースで、講義を無料でご視聴いただけます。（要予約）

各校のビデオブースでお好きな講義を視聴できます。視聴前日までに視聴する校舎受付までお電話にてご予約をお願い致します。

※受講可能な曜日・時間帯は一部校舎により異なります。
※年末年始・夏期休業・その他特別な休業以外は、通常平日・土日祝祭日にご覧いただけます。
※予約時にご希望日とご希望時間帯を合わせてお申込みください。
※基本講義の中からお好きな科目をご視聴いただけます。（視聴できる科目は時期により異なります）
※TAC提携校での体験視聴につきましては、提携校各校へお問合せください。

ビデオブース利用時間 ※日曜日は④の時間帯はありません。
① 9：30 ～ 12：30　② 12：30 ～ 15：30
③ 15：30 ～ 18：30　④ 18：30 ～ 21：30

Webで体験
スマートフォン・パソコンで講義を体験視聴

TACホームページの「TAC動画チャンネル」で無料体験講義を配信しています。時期に応じて多彩な講義がご覧いただけます。

TAC ホームページ **https://www.tac-school.co.jp/**

※体験講義は教室講義の一部を抜粋したものになります。

資格の学校 TAC

2023年度 本試験データリサーチ

参加無料!
10試験種以上実施予定!
スマホP.C.対応!

本試験結果がわかります!

本試験データリサーチとは?

Web上でご自身の解答を入力(選択)いただくと、全国の受験者からのデータを集計・分析した試験別の平均点、順位、問題別の正解率が確認できるTAC独自のシステムです。多くの受験生が参加するTACのデータリサーチによる詳細なデータ分析で、公務員試験合格へ近づきましょう。

※データリサーチは択一試験のみ対応しております。論文・専門記述・面接試験等の結果は反映されません。予めご了承ください。
※順位判定・正解率等の結果データは、各本試験の正答公表日の翌日以降に閲覧可能の予定です。　※上記画面はイメージです。

2022年度データリサーチ参加者
国家一般職(行政)
2,003名

多彩な試験種で実施予定!

国家総合職／東京都I類B(行政[一般方式・新方式])／特別区I類／裁判所一般職(大卒)
国税専門官／財務専門官／労働基準監督官A／国家一般職(行政・技術職)／外務省専門職
警視庁警察官I類／東京消防庁消防官I類

※実施試験種は諸般の事情により変更となる場合がございます。
※上記の試験種内でもデータリサーチが実施されない区分もございます。

本試験データリサーチの活用法

■ 相対的な結果を知る!

「手応えは悪くないけれど、周りの受験生はどうだったんだろう?」そんなときに本試験データリサーチを活用すれば、自分と他の受験生の結果を一目瞭然で比べることができます。

■ 併願対策に!

問題ごとの正解率が出るため、併願をしている受験生にとっては、本試験結果を模試のように参考にすることができます。自分の弱点を知って、その後の公務員試験対策に活用しましょう。

データリサーチの詳細は、
→TACホームページ　https://www.tac-school.co.jp/
→TAC WEB SCHOOL　https://portal.tac-school.co.jp/

等で各種本試験の1週間前から告知予定です。

クリック

TAC出版 書籍のご案内

TAC出版では、資格の学校TAC各講座の定評ある執筆陣による資格試験の参考書をはじめ、資格取得者の開業法や仕事術、実務書、ビジネス書、一般書などを発行しています!

TAC出版の書籍

*一部書籍は、早稲田経営出版のブランドにて刊行しております。

資格・検定試験の受験対策書籍

- ✪日商簿記検定
- ✪建設業経理士
- ✪全経簿記上級
- ✪税 理 士
- ✪公認会計士
- ✪社会保険労務士
- ✪中小企業診断士
- ✪証券アナリスト

- ✪ファイナンシャルプランナー(FP)
- ✪証券外務員
- ✪貸金業務取扱主任者
- ✪不動産鑑定士
- ✪宅地建物取引士
- ✪賃貸不動産経営管理士
- ✪マンション管理士
- ✪管理業務主任者

- ✪司法書士
- ✪行政書士
- ✪司法試験
- ✪弁理士
- ✪公務員試験(大卒程度・高卒者)
- ✪情報処理試験
- ✪介護福祉士
- ✪ケアマネジャー
- ✪社会福祉士　ほか

実務書・ビジネス書

- ✪会計実務、税法、税務、経理
- ✪総務、労務、人事
- ✪ビジネススキル、マナー、就職、自己啓発
- ✪資格取得者の開業法、仕事術、営業術
- ✪翻訳ビジネス書

一般書・エンタメ書

- ✪ファッション
- ✪エッセイ、レシピ
- ✪スポーツ
- ✪旅行ガイド (おとな旅プレミアム/ハルカナ)
- ✪翻訳小説

TAC出版

(2021年7月現在)

書籍のご購入は

1 全国の書店、大学生協、ネット書店で

2 TAC各校の書籍コーナーで

資格の学校TACの校舎は全国に展開!
校舎のご確認はホームページにて

資格の学校TAC ホームページ
https://www.tac-school.co.jp

3 TAC出版書籍販売サイトで

CYBER TAC出版書籍販売サイト
BOOK STORE

24時間
ご注文
受付中

TAC 出版　　　　で　検索

https://bookstore.tac-school.co.jp/

新刊情報を
いち早くチェック!

たっぷり読める
立ち読み機能

学習お役立ちの
特設ページも充実!

TAC出版書籍販売サイト「サイバーブックストア」では、TAC出版および早稲田経営出版から刊行されている、すべての最新書籍をお取り扱いしています。
また、無料の会員登録をしていただくことで、会員様限定キャンペーンのほか、送料無料サービス、メールマガジン配信サービス、マイページのご利用など、うれしい特典がたくさん受けられます。

サイバーブックストア会員は、特典がいっぱい! (一部抜粋)

通常、1万円(税込)未満のご注文につきましては、送料・手数料として500円(全国一律・税込)頂戴しておりますが、1冊から無料となります。

専用の「マイページ」は、「購入履歴・配送状況の確認」のほか、「ほしいものリスト」や「マイフォルダ」など、便利な機能が満載です。

メールマガジンでは、キャンペーンやおすすめ書籍、新刊情報のほか、「電子ブック版TACNEWS(ダイジェスト版)」をお届けします。

書籍の発売を、販売開始当日にメールにてお知らせします。これなら買い忘れの心配もありません。

公務員試験対策書籍のご案内

TAC出版の公務員試験対策書籍は、独学用、およびスクール学習の副教材として、各商品を取り揃えています。学習の各段階に対応していますので、あなたのステップに応じて、合格に向けてご活用ください!

INPUT

『みんなが欲しかった!
公務員
合格へのはじめの一歩』
A5判フルカラー
●本気でやさしい入門書
●公務員の"実際"をわかりやすく
紹介したオリエンテーション
●学習内容がざっくりわかる入門講義

・数的処理(数的推理・判断推理・
空間把握・資料解釈)
・法律科目(憲法・民法・行政法)
・経済科目(ミクロ経済学・マクロ経済学)

『みんなが欲しかった!
公務員 教科書&問題集』
A5判
●教科書と問題集が合体!
でもセパレートできて学習に便利!
●「教科書」部分はフルカラー!
見やすく、わかりやすく、楽しく学習!

・憲法
・【刊行予定】民法、行政法

『新・まるごと講義生中継』
A5判
TAC公務員講座講師
郷原 豊茂 ほか
●TACのわかりやすい生講義を誌上で!
●初学者の科目導入に最適!
●豊富な図表で、理解度アップ!

・郷原豊茂の憲法
・郷原豊茂の民法Ⅰ
・郷原豊茂の民法Ⅱ
・新谷一郎の行政法

『まるごと講義生中継』
A5判
TAC公務員講座講師
渕元 哲 ほか
●TACのわかりやすい生講義を誌上で!
●初学者の科目導入に最適!

・郷原豊茂の刑法
・渕元哲の政治学
・渕元哲の行政学
・ミクロ経済学
・マクロ経済学
・関野喬のパターンでわかる数的推理
・関野喬のパターンでわかる判断整理
・関野喬のパターンでわかる
空間把握・資料解釈

要点まとめ

『一般知識
出るとこチェック』
四六判
●知識のチェックや直前期の暗記に
最適!
●豊富な図表とチェックテストで
スピード学習!

・政治・経済
・思想・文学・芸術
・日本史・世界史
・地理
・数学・物理・化学
・生物・地学

記述式対策

『公務員試験論文答案集
専門記述』
A5判
公務員試験研究会
●公務員試験(地方上級ほか)の
専門記述を攻略するための問
題集
●過去問と新作問題で出題が予
想されるテーマを完全網羅!

・憲法〈第2版〉
・行政法

地方上級・国家一般職(大卒程度)・国税専門官 等 対応　TAC出版

過去問学習

『ゼロから合格 基本過去問題集』
A5判
TAC公務員講座
●「解ける」だから「つづく」／充実の知識まとめでこの1冊で知識「ゼロ」から過去問が解けるようになる、独学で学習を始めて完成させたい人のための問題集です。

全12点
・判断推理　　　・数的推理　　　・空間把握・資料解釈
・憲法　　　　　・民法Ⅰ　　　　・民法Ⅱ
・行政法　　　　・ミクロ経済学　・マクロ経済学
・政治学　　　　・行政学　　　　・社会学

『一問一答で論点総チェック』
B6判
TAC公務員講座講師 山本 誠
●過去20年の出題論点の95%以上を網羅
●学習初期の確認用にも直前期のスピードチェックにも

全4点
・憲法　　　　　・民法Ⅰ
・民法Ⅱ　　　　・行政法

『出るとこ過去問』 A5判
TAC出版編集部
●本試験の難問、奇問、レア問を省いた効率的なこの1冊で、合格ラインをゲット! 速習に最適

全16点
・憲法　　　　　・民法Ⅰ　　　　・民法Ⅱ
・行政法　　　　・ミクロ経済学　・マクロ経済学
・政治学　　　　・行政学　　　　・社会学
・国際関係　　　・経営学　　　　・数的処理(上・下)
・自然科学　　　・社会科学　　　・人文科学

直前対策

『小論文の秘伝』
A5判　年度版
TAC公務員講座講師 山下 純一
●頻出25テーマを先生と生徒のブレストで噛み砕くから、解答のツボがバッチリ!
●合格者のアドバイスも掲載!

『面接の秘伝』
A5判　年度版
TAC公務員講座講師 山下 純一
●面接で使えるコア(自分の強み)を見つけられる!「面接相談室」で自己分析が進む!
●集団討論のシミュレーション、官庁訪問のレポートも掲載!

『時事問題総まとめ＆総チェック』
A5判　年度版
TAC公務員講座
●知識整理と問題チェックが両方できる!
●試験種別の頻出テーマが一発でわかる!

『科目別・テーマ別過去問題集』
B5判　年度版
TAC出版編集部
●試験ごとの出題傾向の把握と対策に最適
●科目別、学習テーマ別の問題掲載なので、学習のどの段階からも使えます

・東京都Ⅰ類B(行政／一般方式)
・特別区Ⅰ類(事務)
・裁判所(大卒程度／一般職)
・国税専門官(国税専門A)
・国家一般職(大卒程度／行政)

TAC出版の書籍はこちらの方法でご購入いただけます
1 全国の書店・大学生協
2 TAC各校 書籍コーナー
3 インターネット　CYBER BOOK STORE　TAC出版書籍販売サイト　アドレス　https://bookstore.tac-school.co.jp/

(2023年3月現在・刊行内容、刊行月、表紙等は変更になることがあります／年度版 マークのある書籍は、毎年、新年度版が発行される予定です)

書籍の正誤に関するご確認とお問合せについて

書籍の記載内容に誤りではないかと思われる箇所がございましたら、以下の手順にてご確認とお問合せをしてくださいますよう、お願い申し上げます。

なお、正誤のお問合せ以外の**書籍内容に関する解説および受験指導などは、一切行っておりません。**
そのようなお問合せにつきましては、お答えいたしかねますので、あらかじめご了承ください。

1 「Cyber Book Store」にて正誤表を確認する

TAC出版書籍販売サイト「Cyber Book Store」の
トップページ内「正誤表」コーナーにて、正誤表をご確認ください。

CYBER TAC出版書籍販売サイト
BOOK STORE

URL:https://bookstore.tac-school.co.jp/

2 **1**の正誤表がない、あるいは正誤表に該当箇所の記載がない
⇒ 下記①、②のどちらかの方法で文書にて問合せをする

★ご注意ください★

お電話でのお問合せは、お受けいたしません。
①、②のどちらの方法でも、お問合せの際には、「お名前」とともに、
「対象の書籍名（○級・第○回対策も含む）およびその版数（第○版・○○年度版など）」
「お問合せ該当箇所の頁数と行数」
「誤りと思われる記載」
「正しいとお考えになる記載とその根拠」
を明記してください。
なお、回答までに1週間前後を要する場合もございます。あらかじめご了承ください。

① ウェブページ「Cyber Book Store」内の「お問合せフォーム」より問合せをする

【お問合せフォームアドレス】

https://bookstore.tac-school.co.jp/inquiry/

② メールにより問合せをする

【メール宛先　TAC出版】

syuppan-h@tac-school.co.jp

※土日祝日はお問合せ対応をおこなっておりません。
※正誤のお問合せ対応は、該当書籍の改訂版刊行月末日までといたします。

乱丁・落丁による交換は、該当書籍の改訂版刊行月末日までといたします。なお、書籍の在庫状況等により、お受けできない場合もございます。
また、各種本試験の実施の延期、中止を理由とした本書の返品はお受けいたしません。返金もいたしかねますので、あらかじめご了承くださいますようお願い申し上げます。

TACにおける個人情報の取り扱いについて
■お預かりした個人情報は、TAC(株)で管理させていただき、お問合せへの対応、当社の記録保管にのみ利用いたします。お客様の同意なしに業務委託先以外の第三者に開示、提供することはございません（法令等により開示を求められた場合を除く）。その他、個人情報保護管理者、お預かりした個人情報の開示等及びTAC(株)への個人情報の提供の任意性については、当社ホームページ(https://www.tac-school.co.jp)をご覧いただくか、個人情報に関するお問い合わせ窓口(E-mail:privacy@tac-school.co.jp)までお問合せください。

（2022年7月現在）